시작하며

조금만 조심하면 생명을 지킬 수 있다!

알아 두면 힘이 돼!

매일 새로운 사건 사고가 뉴스에 나옵니다. 여러 소식을 보고 듣다 보면 밖을 나서기가 두려워지기도 해요.

한편, 뉴스는 원래 '드문 일'을 다룹니다. 어지간해서는 일어나지 않는 일이기 때문에 뉴스에 등장하는 것이죠. 그러니 너무 걱정하지 않아도 돼요. 무섭다고 집에 틀어박히지 말고 활기차게 나서 봅시다! 너무 집에만 있으면 운동 부족으로 체력이 떨어지고 쉽게 병에 걸릴 수 있으니까요. 활발하게 바깥 활동을 해 주어야 건강하게 지낼 수 있어요.

그렇지만 세상에는 어느 정도 위험한 일이 일어납니다. 최근 들어서는 야생 멧돼지가 사람이 사는 동네에 돌아다니고, 곰이 사람을 공격하는 위험한 일도 생겼죠. 들개가 동네를 헤집고 다녔다는 뉴스도 있습니다. 지구 온난화로 인한 기후 변화도 걱정스러워요. 옛날보다 강력한 태풍이 오고, 예상치 못한 폭우가 쏟아지기도 합니다. 땅을 뒤흔드는 지진도 걱정이고요.

그래도 평소에 주의를 기울이고 만반의 준비를 해 두면 위험을 피할 수 있어요. 올바른 지식이 우리 생명을 지켜 주거든요.

이 책을 읽다 보면 '세상에 이런 위험도 있구나.'라는 생각과 함께 '어, 이건 내가 지금껏 잘못 생각했네?' 하고 깨닫기도 할 거예요. 시대가 달라지면 상식도 달라집니다. 여러분의 부모님이나 할아버지, 할머니 시대에는 통하던 상식이 지금은 다를 수도 있어요.

그러니 이 책을 읽으며 지식을 업데이트해 볼까요?

읽는 재미를 위해 여러분이 열대 초원에 가지 않는 한 겪을 일 없는 위험한 사건도 소개했습니다. 동물원이 아니고서야 사자와 맞닥뜨릴 일은 없을 테죠. 그래도 동물의 습성을 배우면 재미있으니까요. 자연을 공부하는 것은 가슴 벅찬 일입니다.

우선은 알아 두는 겁니다. 그러면 어떻게 하면 좋을지 생각할 수 있습니다. 다만 어떤 일이 닥쳤을 때 혼자 맞서려면 위험할 수 있어요. 가족이나 친구와 함께 지진 대책이나 더위 대책을 세우는 시간도 필요합니다. 다 함께 이 책을 읽는 것부터 시작하면 어떨까요?

감수자 **이케가미 아키라**

생명을 지키는 만화 : 만남 편

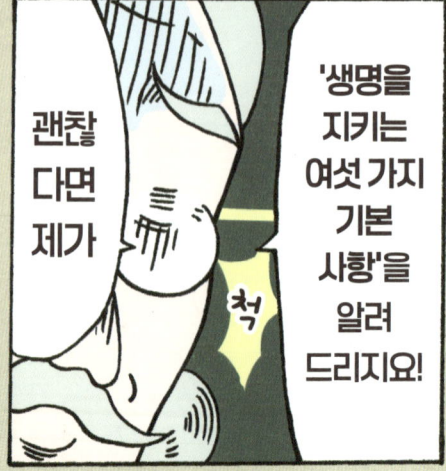

목차

시작하며 2
생명을 지키는 만화: 만남 편 4
생존 도감을 활용하는 법 10

제1장 위험 생물로부터 생존하라!

생명을 지키는 만화 ① ………… 20
사자와 눈이 마주쳤다 ………… 24
곰이 나왔다 ………… 28
악어가 물려고 한다 ………… 32
상어가 공격한다 ………… 36
바닷속 위험 생물 ………… 38
독뱀에게 물렸다 ………… 40
말벌 떼가 날아온다 ………… 42
자라에게 물렸다 ………… 46
전 세계 강에 사는 위험 생물 ………… 48
멧돼지가 돌진해 온다 ………… 50
귀엽지만 위험한 동물들 ………… 54
원숭이가 위협한다 ………… 56
솔개가 날아든다 ………… 58
집 안에 도사린 위험 ………… 60
위험 생물로부터 생존할 준비 ………… 62

제2장 자연 재해에서 생존하라!

생명을 지키는 만화 ② ………… 66
벼락이 내리친다 ………… 70
회오리바람이 분다 ………… 74
바다에서 이안류에 휩쓸렸다 ………… 76
강에 빠졌다 ………… 80
산에서 길을 잃었다 ………… 82
태풍이 온다 ………… 84
태풍이 접근할 때 해야 할 일 ………… 88
식량과 재난 대비 용품 준비하기 ………… 90
집중 호우인데 언제 대피해야 할지 모르겠다 ………… 92
호우 중 대피할 때 ………… 96
집에 있는데 지진이 났다 ………… 98
하교 중에 지진이 났다 ………… 102
바닷가에서 지진이 났다 ………… 106
비상 상황에 연락하는 법 ………… 110

제3장 부상과 사고에서 생존하라!

생명을 지키는 만화 ③ ·········· 114
할머니 목에 사탕이 걸렸다 ·········· 118
할아버지가 욕조에서 정신을 잃었다 ·········· 122
열사병에 걸렸다 ·········· 126
옷에 불이 붙었다 ·········· 128
화상을 입었다 ·········· 132
저체온증에 걸렸다 ·········· 134
아빠가 길에서 쓰러졌다 ·········· 136
심장이 뛰지 않는 사람을 돕는 방법 ·········· 138
다쳤을 때 필요한 응급 처치 ·········· 142
뼈가 부러졌을 때 ·········· 144
열이 날 때 ·········· 146

제4장 범죄 위험에서 생존하라!

생명을 지키는 만화 ④ ············ 150
수상한 사람이 쫓아온다 ············ 156
모르는 사람이 말을 건다 ············ 160
나쁜 어른이 흔히 하는 말 ············ 164
우리 근처의 '위험한 곳' ············ 166
공중화장실을 쓸 때 ············ 170
엘리베이터를 탈 때 ············ 172
집에 혼자 있는데 누가 왔다 ············ 174
수상한 사람이 붙잡으려고 한다 ············ 178
범죄자를 만났을 때 ············ 180
범죄를 목격했을 때 ············ 182
아는 사람이 불쾌한 행동을 한다 ············ 184
몸의 사적인 부위 ············ 186
여러분을 속이는 '흔한 말' ············ 188
'나도 모르게' 성범죄를 저지르지 않으려면 ············ 190
친구가 범죄를 저지르자고 한다 ············ 192
불법 아르바이트에 지원하면 ············ 196

제5장 일상의 위험에서 생존하라!

생명을 지키는 만화 ⑤ ………… 200
교실에서 똥을 쌌다 ………… 204
학교에서 방귀를 뀌었다 ………… 208
좋아하는 애한테 차였다 ………… 210
친구가 돈을 빌려 달라고 한다 ………… 214
어른이 사귀자고 한다 ………… 216
또래끼리 성행위를 해도 될지 고민된다 ………… 220
SNS에 개인 정보를 올리면 ………… 222
SNS에서 모르는 사람과 친해지면 ………… 224
인터넷에서 충격적인 뉴스를 봤다 ………… 226
거짓 정보를 구분하는 방법 ………… 230
인터넷에서 하면 안 되는 일 ………… 232
얼굴이 못생겨서 괴롭다 ………… 234
학교에서 따돌림을 당했다 ………… 236
단순한 괴롭힘이 아니라 '범죄'다 ………… 238
가족에게 학대를 당했다 ………… 240
따돌림이나 학대를 목격했다 ………… 242
학교에 안 가고 싶다 ………… 244
공부를 못 쫓아가겠다 ………… 246
남을 해치고 싶다 ………… 248
사는 것이 괴롭다 ………… 250

상담할 수 있는 곳 252
도움이 되는 작품들 254
마무리하며 256

제 1 장

위험

위험 생물에게는
인간 세계의 규칙이
통하지 않아요.
물고 쏘고 할퀴고….

생존

생물로부터 하라!

어떤 위험이 도사리고 있는지 알아 두고, 적당한 거리를 유지하며 어울려 살아갑시다!

제 **1**장

눈이 마주쳤다!
사자와
맙소사…

사자

몸길이	1.6~2.5m
몸무게	120~250kg
먹이	육식

뜬금없지만 여긴 사바나 초원 한가운데.
즐겁게 동물을 관찰하던 중에
저 멀리 수풀에 숨어 있던 수컷 사자와
눈이 마주쳤습니다. 그대로 슬금슬금
거리를 좁혀 오는 야생의 사자….
살아남으려면 어떻게 해야 할까요?

Q 이럴 때는 어쩌지?

1 고양이 장난감을 흔든다.

2 개다래나무 가루를 뿌리고 도망친다.

3 "착하지, 착하지." 하고 쓰다듬는다.

제1장

정답 2

사자와 눈이 마주치면 개다래나무 가루를 뿌리고 도망친다.

사바나에서 사자와 마주치면 천천히 물러나서 차를 타고 도망쳐야 해요. 다만, 만약에 사자가 쫓아온다면? 사자는 차가 달리는 속도와 비슷한 시속 80킬로미터의 속도까지 달릴 수 있어 도망치기 어렵습니다.

그때 '개다래나무 가루'를 가지고 있다면 그야말로 대박! 사자도 고양잇과 동물이라서 고양이가 좋아하는 개다래나무로 만든 가루가 잘 듣는다고 해요.

위험 생물

이러면 안 돼!
NG

① 고양이 장난감을 흔든다.

사자는 고양이 장난감을 갖고 놀지 않아요. 고양이 장난감을 들이밀자 사자가 "썩 치우지 못해!"라는 듯이 장난감을 쳐냈다는 실험이 있어요.

③ "착하지, 착하지." 하고 쓰다듬는다.

"사람이 마음을 열면 동물도 받아 주는 법이야."라고 말하는 사람도 있는데, 야생 동물을 얕보면 안 됩니다. 쓰다듬으며 "안 무섭다, 안 무섭다." 하는 사이에 먹히고 말 거예요.

와앙

사자의 코 쪽으로 개다래나무 가루를 뿌리고는 개다래나무 가루에 취한 사자가 무아지경으로 땅바닥을 구르면, 그때를 틈타 얼른 도망치면 돼요.

밀림의 왕 사자

고양이처럼 개다래나무 가루를 좋아한다는 귀여운 점이 있지만, 사자는 밀림의 왕이라고 부를 만큼 강한 동물이에요. 상체 근육이 발달해서 주로 앞발을 이용해 사냥하는데, 한번 휘두를 때 무려 800킬로그램 정도의 힘을 낼 수 있다고 해요. 날카로운 이빨도 빼놓을 수 없죠. 무는 힘이 아주 강해 물소처럼 덩치가 큰 동물도 물어뜯을 수 있으니 사자를 보면 무조건 도망쳐요!

* 실험에서 개다래나무 가루를 주자, 사자가 침을 흘리며 뒹굴었다. 다만 효과가 없는 개체도 있다.

제**1**장

꺄악, 곰이다!

불곰	
몸길이	2~3m
몸무게	100~600kg
먹이	잡식성(식물, 육류, 어류, 곤충류 등)

위험 생물

햇살이 아름답게 내리쬐는
숲속에서 셀카를 찍는데,
세상에 이런 일이!
맞은편 나무 아래에서 커다란
곰이 모습을 드러냈다!
이쪽을 살피는 것 같은데….

문제 Q  이럴 때는 어쩌지?

죽은 척한다.   전속력으로 도망친다.   노려보며 뒤로 물러난다.

제1장

정답 ③

곰과 마주치면 노려보며 뒤로 물러난다.

슬금 슬금

곰에게 공격당하지 않으려면 이 두 가지를 기억하세요. 흥분시키지 말 것, 얕보이지 말 것.
"난 너 하나도 안 무서워!"라는 뜻을 담아 곰의 눈을 노려보며 느릿느릿 뒤로 물러납니다. 등을 보이면 쫓아오니까 조심해요!
곰은 보통 인간을 주된 먹이로 삼지 않아요. 곰이 진정하고 으르렁거리기를

위험 생물

이러면 안 돼!
NG

꾹꾹

① 죽은 척한다.

곰을 만나면 죽은 척하라는 말이 유명한데, 미신입니다. 곰은 죽은 동물도 먹으니까 오히려 잘됐다며 맛있게 먹을 거예요.

② 전속력으로 도망친다.

흠칫

곰은 달리는 것을 쫓는 습성이 있어요. 산에서도 시속 50킬로미터로 자전거보다 빠르게 움직이니까, 도망쳐도 쉽게 쫓아올 거예요.

멈추면, 그 순간에 조용히 물러나는 것이 최선입니다.

곰 불법 사육 사건

곰은 일반적으로 사람을 해치지 않는 동물이지만, 예기치 않은 사건이 발생하기도 해요. 곰의 쓸개가 비싼 약재로 쓰여서 이를 얻고자 몰래 곰을 키우는 경우가 있거든요. 한국에서도 불법 사육장에서 탈출한 반달 곰이 사람을 공격해 사망하는 일이 있었어요. 야생에서 사는 곰은 사람을 피하려 하지만, 좁은 우리에 갇혀 스트레스를 받은 곰은 공격적으로 변할 수 있어요.

캬오

제1장

으악, 악어가 물려고 해!

두근두근 해외여행을 왔어요.
물가에서 노는데, 가까이에서
첨벙! 하는 큰 소리가 났어요.
고개를 돌려 보니 눈앞에
입을 쩍 벌린 악어가 있습니다!

위험 생물

바다악어

몸길이	수컷 5~7m, 암컷 2~3m
몸무게	수컷 450kg~1t, 암컷 76~100kg
먹이	어류, 조류, 포유류(인간 포함)

문제 Q 이럴 때는 어쩌지?

1 악어 입에 나무토막을 끼워 넣는다.

2 악어를 등지고 도망친다.

3 양팔을 높이 들어 위협한다.

크아앙~

정답 2

악어에게 물릴 것 같으면 악어를 등지고 도망친다.

악어가 눈앞에 나타나면 망설이지 말고 등을 돌려 최대한 멀리, 전속력으로 도망치세요.
악어는 물에서 사니까 육지에서는 움직임이 느리다고 생각하기 쉬운데… 시속 16킬로미터 정도의 속도로 움직일 수 있으니 방심하면 안 돼요. 다만 악어는 지구력이 없어서 멀리까지 쫓아오지는 않아요.

위험 생물

이러면 안 돼!
NG

① 악어 입에 나무 토막을 끼워 넣는다.

악어는 치아로 물어뜯는 힘이 동물 중에서도 손에 꼽히게 강해요. 사자보다는 약 5배나 강하죠! 나무토막 따위는 우습고 눈 깜짝할 사이에 팔까지 뜯기고 말 거예요.

③ 양팔을 높이 들어 위협한다.

악어는 말이나 코끼리도 망설이지 않고 공격하는 생물! 인간이 위협한다고 동요할 리가 없어요. 오히려 섣불리 행동했다가 악어를 흥분시킬 수 있답니다.

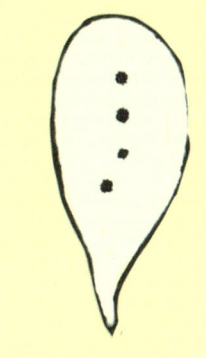

악어의 시선이 닿지 않는 꼬리 쪽으로 도망치면 더욱 안심이죠.

위험하다!
무시무시한 악어의 필살기, 죽음의 회전

악어가 특히 무서운 이유는 '데스 롤'이라고 부르는 죽음의 회전 때문이에요! 데스 롤은 먹잇감을 입에 문 채 몸을 아주 빠르게 회전시켜서 먹이를 물어뜯는 무서운 필살기입니다. 운 나쁘게 악어에게 물렸는데, 악어가 몸을 회전하며 물속으로 가라앉는다? 그러면 끝장이에요. 기억하세요, 악어의 입에는 절대 가까이 가지 말 것!

제1장

상어의 위협

상어가 공격하면 코를 걷어차고 도망친다.

상어는 인간을 잘 공격하지 않는데, 헤엄치는 인간을 바다표범으로 착각하고 달려들 때가 있어요. 그래서 간혹 인간이 상어에게 먹히는 사건이 벌어지기도 합니다.

바다에서 상어를 봤다면 바위틈에 숨는 것이 최선이에요.

만약 상어가 공격해 오면, 상어의 약점인 코를 걷어차야 합니다. 상어는 코와 눈 같은 감각 기관이 민감하거든요. 움찔한 틈에 도망치면 살아남을 수 있을지도 몰라요.

상어는 이빨이 톱처럼 뾰족뾰족해서 뭐든 잘라 냅니다. 게다가 주기적으로 이빨이 새로 나서 항상 날카롭게 잘 갈린 상태죠. 일단 붙잡히면 반드시 물어뜯깁니다.

위험 생물

백상아리

몸길이	4~6m
몸무게	680kg~2t
먹이	포유류, 어류, 조류, 갑각류, 연체류 등

그러니 있는 힘껏 코를 걷어차고, 물리기 전에 바닷가까지 죽을힘을 다해 헤엄쳐야 해요.

이러면 안 돼!
NG

팔을 바둥거리며 도움을 요청한다.

물보라가 생기면 상어가 흥분해서 더욱 공격하려고 듭니다.

번쩍번쩍한 수영복이나 장비를 갖춰 입는다.

반사된 빛이 물고기 비늘처럼 보여서 상어를 유혹합니다.

제1장

오싹하다…
바닷속 위험 생물

바닷속에는 독이 있는 생물이나 사람을 쏘는 생물이 득시글해요. 얇은 수영복만 입고 바다에 들어가는 것은 알몸으로 숲에 들어가는 것이나 마찬가지예요. 긴팔 수영복과 아쿠아 슈즈로 몸을 지켜요!

독해파리에 쏘였다!

노무라입깃해파리나 보름달물해파리 같은 독해파리에 쏘이면 몸에 독이 들어와요. 심각하게는 호흡 곤란을 겪고, 최악의 경우 사망할 수도 있어요. 쏘이면 곧바로 핀셋이나 장갑 낀 손으로 독침을 뽑아야 해요. 전부 뽑기 어렵다면 바닷물로 씻어 내고 병원에 가세요. 쏘인 곳을 40~45도 정도의 따뜻한 물에 20분 정도 담그는 것도 효과적이에요. 샤워를 하는 것도 좋아요.

위험 생물

곰치에게 물렸다!

곰치는 상대를 위협할 때 주둥이를 벌려서 날카로운 이빨을 드러내요. 물리면 아프지만 다행히 독은 없어요. 상처를 씻고 소독한 다음 거즈나 붕대로 지혈합시다.

파란고리문어에게 물렸다!

파란고리문어는 침에 아주 강력한 독이 있어 물리면 죽을 수 있어요. 이 독은 호흡이나 심장을 멎게 하기 때문에 물리는 즉시 물로 씻고 병원에 가야 해요. 마비나 두통, 복통, 호흡 곤란 같은 증상이 생기면 당장 구급차를 부릅니다.

동갈치에 찔렸다!

동갈치라는 물고기는 반짝이는 것을 먹잇감으로 여기는 습성이 있어요. 한밤중, 바다에서 배가 불을 켜면 마치 미사일처럼 날아올라 주둥이로 사람을 찌르기도 합니다. 억지로 빼면 출혈 과다로 죽을 수 있으니 빼지 말고 병원으로 가세요.

39

제1장

독뱀의 위협

독뱀에게 물리면 상처를 씻고 가까운 병원에 간다.

독뱀인 살모사는 따끔하게 물고 떠나가 버리기 때문에 당하고도 못 알아차릴 수 있어요. 하지만 살모사는 혈관이나 근육을 녹이는 무서운 독을 품고 있답니다. 한국에서는 매년 2000명 넘는 사람이 뱀에 물려 치료를 받으러 간다고 해요.
만약 뱀에 물리면 당황하지 말고 상처를 씻어 낸 뒤 서둘러 가까운 병원에 가세요.

다만, 뱀의 서식지와 가까운 병원이 아니면 해독제가 없을 수 있으니 반드시 가려는 병원에 미리 전화해 봐야 해요! 긴급하다면 구급차를 부르고, 그렇지 않으면 차를 타고 병원에 갑니다. 심장이 빠르게 뛰면 독이 몸에 빨리 퍼지니 달리면 안 돼요.

살모사

몸길이	45~90cm
몸무게	150~300g
먹이	소형 포유류, 파충류, 양서류, 어류 등

이러면 안 돼!
NG

독을 입으로 빨아낸다.
독을 입으로 빨아내면 안 됩니다. 실수로 독을 삼키거나, 입안에 난 상처로 독이 몸에 스며들 수 있어 위험해요.

칼로 상처를 찢어 독을 빼낸다.
찢어 봤자 대부분 독이 아닌 멀쩡한 피가 나올 거예요. 오히려 상처가 곪거나 파상풍, 패혈증에 걸려 생명이 위험해질 수 있습니다.

제1장

말벌 떼가 날아온다!

말벌

몸길이	27~33mm
몸무게	1.6g, 여왕벌은 2.9~3.5g
먹이	곤충(애벌레일 때), 애벌레 분비액이나 수액 (어른벌레일 때)

여기는 숲속. 어디선가 붕붕 소리가 들려옵니다. 궁금해서 소리가 나는 쪽으로 가 보니 커다란 벌집이 보여요. 그리고 거대한 말벌 군단이 이쪽을 향해 날아옵니다!

위험 생물

히익~

Q 문제
이럴 때는 어쩌지?

① 쪼그려 앉아 돌인 척한다.

② 머리카락을 휘둘러 쫓아낸다.

③ 향수를 뿌린다.

칙칙

정답 ① 말벌이 날아오면 쪼그려 앉아 돌인 척 한다.

벌에게 움직이는 것은 곧 적! 반대로 움직이지 않는 것은 돌이나 나무라고 여깁니다.

그러니 벌이 다가오면 천천히 쪼그려 앉고서는 절대로 움직이면 안 돼요. 몸에 벌이 앉더라도 허둥거리며 난리 피우지 말고요. 벌을 괜히 흥분시키는 일이니까요.

나는 돌이다….

위험 생물

움직이지 않고 꾹 참고 있으면 얼마 지나지 않아 벌이 날아갈 거예요.

이러면 안 돼!
NG

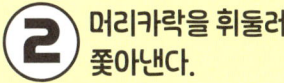

2 머리카락을 휘둘러 쫓아낸다.

말벌은 천적인 곰, 오소리 같은 동물의 검은 털색을 경계하는 습성이 있다고 해요. 까만 머리카락을 휘두르면 오히려 경계심을 자극해 공격할 가능성이 높아요.

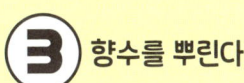

3 향수를 뿌린다.

말벌은 냄새로 의사소통하는 동물이에요. 후각이 예민한 만큼 강한 냄새를 맡으면 흥분해서 공격할 수 있어요.

위험하다!
공포의 아나필락시스

벌 같은 생물에게 쏘이면, 우리 몸에서는 이에 맞서는 항체를 만들어 내요. 그런데 간혹 항체가 과하게 반응을 해서 호흡 곤란이 오거나 의식을 잃는 등의 알레르기 증상이 나타나는데, 이를 '아나필락시스'라고 해요. 벌에 쏘인 뒤 몸이 가렵거나 숨 쉬기 어렵거나 배가 아프고 몽롱하다면 아나필락시스 증상이니 꼭 곧장 구급차를 부르세요.

자라의 위협

자라에게 손을 물리면 물속에 넣고 가만히 기다린다.

자라 보고 놀란 가슴, 솥뚜껑 보고 놀란다는 말이 있죠. 자라는 한번 뭔가를 물면 끈질기게 놓지 않는 동물이에요. 주둥이는 얼마나 날카롭고 단단한지, 자라에게 물려 손가락을 뜯긴 사람도 있습니다.

위험 생물

끄읍, 참자….

그러니 강에서 자라를 보더라도 함부로 손을 내밀면 안 돼요!
만에 하나 물렸다면, 허둥지둥 물에서 손을 빼내려고 하지 마세요. 자라도 놀라서 놓아주지 않을 테니까요. 손을 다시 물에 담그고 가만히 있으세요. 자라가 진정하면 자연히 무는 것을 그만둘 거예요.
자라한테 독은 없지만, 상처가 깊다면 병원에 가는 편이 좋아요.

이러면 안 돼!
NG

큰 소리를 내 놀라게 한다.
천둥소리를 들으면 자라가 그만 문다는 미신도 있는데요, 틀린 말이에요. 오히려 놀라서 있는 힘껏 물 거예요.

붙잡는다.
자라는 고급 식재료이기도 해서 잡아먹으려는 사람도 있어요. 거북이와 달리 자라는 목이 길어서 등딱지까지 주둥이가 닿아요. 섣불리 잡으려 하면 높은 확률로 물립니다.

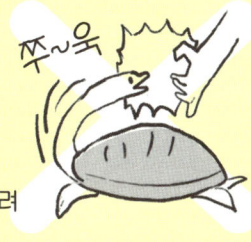

자라

몸길이	20~40cm
몸무게	등딱지 길이가 20cm면 1kg, 등딱지가 35cm면 7kg
먹이	어류, 곤충류, 조개류 등

47

제1장

엄청나!
전 세계 강에 사는 위험 생물

세계 각지의 강에는 동물의 피와 살을 맛있게 먹는 생물이 숨어 있어요.
해외에 나가서는 물론이고, 국내에서도 강에서는 피부를 드러내지 말 것!

쩌억!

피라냐한테 당했다!

피라냐는 브라질의 아마존강 등지에 서식하는 육식 어류로, 피 냄새를 맡으면 떼로 몰려와 덮칩니다. 버둥거리면 공격할 위험이 있으니, 헤엄칠 때는 조용히 차분하게 움직이세요. 또 다친 부위는 물에 담그면 안 돼요!

위험 생물

흡혈 메기가 몸 안에 들어왔다!

흡혈 메기도 아마존강 등지에 서식하는 민물고기예요. 몸집이 작아 다른 물고기의 아가미를 통해서도 몸속으로 들어가 피와 살을 파먹어요. 사람 몸속에도 요도나 항문 같은 구멍을 통해 들어올 가능성이 있어요. 일단 몸에 들어가면 스스로 나오지 않기 때문에 수술을 해서 빼내야 해요.

어디 구멍 없나~.

전기뱀장어에 감전 되었다!

전기뱀장어는 아마존강 등지에 서식합니다. 몸에 전기를 만들어 내는 세포가 있는데, 전기를 뿜어내서 먹이를 기절시키거나 감전시켜 잡아먹어요. 800볼트가 넘는 강력한 전기에 사람도 감전돼 죽을 수 있어요. 전기뱀장어가 있는 강을 건너려면 수면을 막대기로 내려쳐서 전기를 내뿜도록 해야 해요. 놀란 뱀장어가 전기를 다 써 버리도록요.

거머리는 물을 댄 논이나 강에 사는데, 몸에 있는 빨판으로 먹이에 찰싹 달라붙어서 피를 빨아먹는 생물이에요. 거머리에게 물렸더라도 아프진 않아요. 거머리를 손톱으로 튕겨 떼어 내고 상처를 씻은 다음 지혈하면 돼요.

쪽쪽

거머리가 피를 빨았다!

제1장

으악! 멧돼지가

평소처럼 동네를 거닐고 있는데, 왠지 불길한 기운이 스멀스멀…. 아니, 멧돼지잖아? 이쪽을 향해 돌진해 옵니다!

멧돼지

몸길이	1~1.7m
몸무게	70~110kg
먹이	식물 뿌리, 과일, 버섯, 곤충류 등

위험 생물

나를 향해 달려 온다!

이럴 때는 어쩌지?

 멧돼지 등을 짚고 폴짝 뛰어넘는다.

 정면으로 맞선다.

 높은 곳에 기어 올라간다.

정답 3

멧돼지가 돌진해 오면 높은 곳에 기어 올라간다.

제**1**장

멧돼지는 높이 1미터 정도의 장애물을 뛰어넘지만, 그보다 높은 나무나 울타리 위에는 올라오지 못해요. 만약 먹을거리를 갖고 있다면 가방 같은 소지품을 노릴 수도 있어요. 일단 짐을 멀리 던져서 시선을 돌리고, 그 틈에 높은 곳으로

위험 생물

이러면 안 돼!
NG

기어 올라가서 멧돼지가 포기하고 떠나기를 기다립시다.

날카로운 어금니

재빠른 다리

 멧돼지 등을 짚고 폴짝 뛰어넘는다.

멧돼지는 허벅지 부근을 노리고 돌진합니다. 뛰어넘으려는 순간, 날카로운 어금니로 허벅지를 찌르면 중요한 혈관이 상할 수 있어 위험해요.

 정면으로 맞선다.

멧돼지는 시속 45킬로미터의 속도로 돌진해 옵니다. 맞서면 틀림없이 그대로 튕겨 나가고 말 거예요. 또, 물릴 위험도 있으니 절대로 안 됩니다!

멧돼지 대소동

매년 여기저기에서 멧돼지에게 공격을 받는 사건이 일어납니다. 특히 겨울철이 되면 먹이가 부족한 멧돼지들이 도심까지 내려오기도 합니다. 2024년 부산에서는 지하철역 안에 멧돼지가 들어와서 승객들이 다치고 유리문이 박살 나는 일이 있기도 했어요. 멧돼지는 원래 겁이 많은 동물인데, 다쳤거나 새끼가 있을 때는 난폭해져요.

배고파.

제1장

의외네!
귀엽지만 위험한 동물들

복슬복슬 사랑스러워도 인간에게 위험한 동물이 무척 많아요.
아무리 귀여워도 야생 동물을 대할 땐 조심해야 해요!

광견병!

배고파….

꼬르륵~

들개

들개에게 물리면 곧장 비누와 물로 씻어 내고 병원에 갈 것! 가정에서 기르는 개는 대부분 백신 접종을 해서 괜찮지만, 들개는 '광견병'을 일으키는 바이러스가 있을 위험이 있어요. 사람이 감염되면 거의 100퍼센트 죽음에 이르는 무시무시한 바이러스이니 조심해요!

미국 너구리 회충증!

미국너구리

미국너구리는 그 이름처럼 원래 미국을 비롯한 아메리카 대륙에서 살았지만, 아시아 국가에 수입되어 퍼졌어요. 일본의 경우, 반려동물로 많이 들여왔다가 버려지거나 도망친 너구리가 야생에 퍼져서 골머리를 앓고 있어요. 미국너구리 회충이라는 기생충 알이 사람 몸에 들어가 부화하면, 뇌와 눈에 장애가 생길 수 있어요.

헬로~.

포충병!

여우

야생 여우에게는 에키노코쿠스라는 기생충 알이 있을 수 있어요. 야생 여우를 만진 손을 씻지 않았다가 기생충이 몸 안에 들어오면 포충병에 걸리게 돼요. 그러면 생명을 잃을 수도 있습니다.

맹독!

느림보로리스

느림보로리스는 유일하게 독을 지닌 원숭이입니다. 이름처럼 행동이 느릿느릿한데도 야생에서 생존하는 건 독으로 몸을 지키기 때문이에요. 물리면 온몸이 부풀고 고름이 생겨요.

제1장

원숭이의 위협

원숭이가 위협하면 입을 다물고 시선을 피한다.

일본원숭이

몸길이	47~60cm
몸무게	8~15kg
먹이	나무 열매, 곤충류 등

사람들이 광물 같은 자원을 얻기 위해 숲을 개발하면 산에 사는 동물들은 터전이 줄어들어요. 일본에서는 특히 원숭이가 먹을 것을 찾아 도심에 나타나는 일이 늘었습니다. 주택가에서 사람이 원숭이의 공격을 받았다는 뉴스도 늘어났죠.

원숭이는 상대방이 눈을 똑바로 보거나, 이를 드러내면 싸움을 건다고 여겨요. 그러니 공격당하지 않으려면 시선

위험 생물

캬오!

이러면 안 돼!
NG

꺅! 하고 비명을 지른다.
원숭이는 자기보다 약해 보이면 얕보고 공격합니다. 소리를 내지 말고 당당하게 굴면 공격하기를 망설일 거예요.

먹을 것을 준다.
어떤 이유에서든 야생 동물에게 절대로 먹이를 주면 안 돼요! 맛을 들인 원숭이가 먹을 것을 달라고 사람을 습격하다가 사살되거든요.

을 피하고 입을 다문 채 뒷걸음질하며 물러나야 합니다. 그럼에도 원숭이가 공격해 온다면, 원숭이 근처에 돌멩이를 던지세요. 원숭이가 놀란 틈을 타 도망치면 됩니다.

일본에는 '솔개가 유부를 빼앗아 갔다.'라는 속담이 있어요. 자기 것을 뜻밖에 빼앗겨 황당한 상황을 일컫는 표현이죠. 한국에서 솔개는 옛날부터 키우던 병아리를 채 가는 새로 악명이 높았어요. 모두 솔개가 먹이를 발견하면 하늘에서 재빨리 날아내려 낚아채는 특징을 일컫지요.

만에 하나 솔개가 나타나는 곳에 가게 된다면, 우산을 챙겨 가세요. 솔개는 공중에서 먹이가 보이지 않으면 떠나 버리거든요. 그러니 솔개가 내려오면 우산을 활짝 펴서 방어합시다. 근처에 건물이 있다면 안에 들어가거나, 벽에 붙어 걸으면 접근하지 못할 거예요.

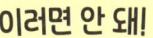

이러면 안 돼!
NG

솔개
몸길이	59~69cm
몸무게	약 1kg
먹이	동물 사체, 쥐, 뱀, 개구리 등

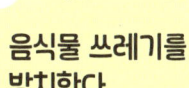

반려동물을 풀어 둔다.
솔개나 까마귀는 작은 동물을 공격하기도 해요. 밖에서는 반려동물에게서 시선을 떼면 안 돼요!

음식물 쓰레기를 방치한다.
솔개는 인간이 버리는 음식물 쓰레기를 아주 좋아해요. 그러니 외부에 음식물 쓰레기를 방치하지 않도록 해요.

제1장

이럴 수가!
집 안에도 위험이!

인간을 가장 많이 죽이는 생물
1위는 바로바로 모기(1년간 72만 명)입니다.
2위는 인간(1년간 47만 명),
3위는 독뱀(1년간 5만 명),
4위는 개(1년간 광견병으로 2만 5000명),
5위는 체체파리(1년간 1만 명)이죠.
아주 작은 곤충이 옮기는 병이 가장 무시무시하네요.

말라리아 등

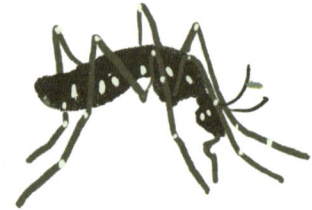

모기

모기가 옮기는 말라리아나 필라리아, 뎅기열, 일본 뇌염 같은 무시무시한 전염병 때문에 전 세계에서 사망자가 발생합니다. 모기는 물가를 좋아하니 집 주변의 양동이나 빈 병에 물이 고이지 않게 자주 청소해야 해요.

페스트

벼룩
벼룩은 인간이나 동물의 피를 빨아먹는 곤충으로, 어디에나 있습니다. 물리면 가렵고, 외국에서는 사망률이 높은 페스트균을 옮기기도 하므로 방을 자주 청소하고 반려동물에게는 벼룩 약을 발라 줘야 해요.

쥐물림병 등

쥐
쥐에게 물리면 쥐물린병에 걸릴 수 있어요. 또 오줌이나 똥에는 렙토스피라증이나 살모넬라증을 일으키는 균이 있습니다. 전부 죽음에 이르는 병까지는 아니지만 두통이나 복통, 설사를 일으킵니다.

수면병

체체파리
체체파리는 아프리카에 사는 흡혈 파리예요. 체체파리에게 피를 빨리면 중추 신경에 이상이 생겨 잠들었다가 사망까지 이르는 수면병에 걸려요. 치료가 어렵고 백신도 없으니 미리 주의해야 합니다.

Check!

위험 생물로부터 생존할 준비

자연은 아름답지만, 병원 같은 의료 시설과 동떨어져 있기도 해요.
그러니 만약을 대비해 단단히 준비해야겠죠?

제1장

- 모자
- 물통
- 피부를 노출하지 말 것!
- 긴소매 셔츠
- 긴바지
- 운동화

생존에 필요한 물품

소독약
동물에게 물리거나 다쳤을 때 상처를 소독한다.

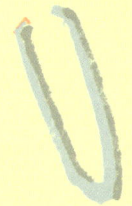

핀셋
상처에서 가시나 독침을 뺄 때 쓴다.

거즈
큰 상처를 지혈하거나 피를 닦는다.

의료용 테이프
거즈를 고정한다.

반창고
작은 상처를 보호한다.

가위
거즈나 테이프를 자른다.

호루라기, 곰 퇴치 방울과 스프레이
곰이나 멧돼지가 접근 못 하도록 쓴다. 주변에 도움을 청할 때도!

벌레 퇴치 스프레이
모기나 진드기의 접근을 막는다.

약
알레르기가 있는 사람은 평소 먹는 약을 잊지 말고 챙긴다.

제 2 장

자연

자연은 참 좋죠.
그러나 자연은 때때로
우리에게 무서운
얼굴을 보여 줍니다.

생존

재해에서

그러니 자연을 즐기고
싶다면 내 몸을 지킬
지식을 알아 두어야 해요!

하라!

제2장

우르릉 번쩍

벼락이 내리치다!

우르릉 우르릉 쾅쾅

공원에서 놀고 있는데 우르릉 우르릉 천둥소리가! 벼락을 맞으면 70퍼센트 이상의 확률로 목숨을 잃는다는데…. 어디로 도망치면 되지?

자연 재해

우르릉 번쩍

만약 벼락에 맞으면…

1000분의 1초도 안 되는 사이에 어마어마한 전류가 몸에 흐른다.

몸속 세포가 망가지고 심장과 뇌가 멈춰서 사망한다.

문제 Q 이럴 때는 어쩌지?

큰 나무 아래로 도망친다.

공중화장실 처마 밑으로 도망친다.

공중화장실 안으로 도망친다.

벼락은 높은 곳에 떨어지기 쉬우므로 야구 배트나 우산, 낚싯대 등을 높이 들어선 안 된다.

정답 ③

벼락이 내리치면 공중 화장실 안으로 도망친다.

벼락이 치면 철근 콘크리트로 만든 건물 안으로 들어가야 해요. 건물에 벼락이 떨어지더라도 전류가 철근을 통해 땅으로 흡수되어 내부에 있으면 안전하거든요. 다만 벽 근처에 있으면 감전될 수 있으니 벽에서 1미터 이상 떨어지는 거 잊지 마세요!
화장실 칸 안까지 들어갈 필요는 없어요. 만약 혼자 공중화장실에 들어가는

자연 재해

이러면 안 돼!

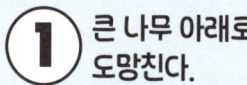

① 큰 나무 아래로 도망친다.

벼락은 높은 곳에 떨어지므로 나무 근처는 제일 위험합니다. 심지어 나무에 떨어진 벼락이 주위에 있는 사람에게 다시 전달되기도 해요.

② 공중화장실 처마 밑으로 도망친다.

화장실 안은 냄새 나니까…. 밖에 머물고 싶은 마음도 이해해요. 그러나 처마 아래에서도 나무 아래와 마찬가지로 벼락이 다시 전달될 위험이 있습니다. 그러니 코를 틀어쥐고서라도 안으로 들어갑시다.

게 불안하면 도서관이나 편의점 등 가까운 철근 콘크리트 건물로 달려가세요.

수도나 전자 제품을 건드리면 안 돼!

물은 전기가 잘 통하는 데다가 금속으로 된 수도관도 전기가 통해 위험합니다. 벼락이 칠 때 목욕은 금물! 절대 물을 건드리지 마세요. 전자 제품도 전선에서 벼락이 전달되어 닿으면 감전될 수 있습니다. 플러그를 빼고 1미터 이상 거리를 유지하세요.

제2장

회오리의 위험

회오리 바람이 불면 집 안에 숨는다.

회오리바람은 대기가 불안정할 때 생기는 강한 소용돌이 바람이에요. 집 안에 있다면 벽장이나 화장실 같은 창문 없는 곳으로 도망칩니다.
밖에 있을 때는 지하나 튼튼한 철근 콘크리트 건물 안으로 대피합니다.

자연 재해

회오리바람은 나무나 전봇대를 쓰러뜨리고 자동차까지 뒤집을 정도로 강력하니 그 근처에서 멀어져야 해요.

이러면 안 돼!
NG

창가에 다가가 밖을 본다.

회오리는 워낙 바람이 맹렬해서 열차를 날리고 목조 건물을 납작하게 무너뜨리기도 합니다. 유리창 정도는 순식간에 가루가 돼요. 깨진 유리 파편에 다칠 수 있으니 절대로 창가에 다가가면 안 됩니다.

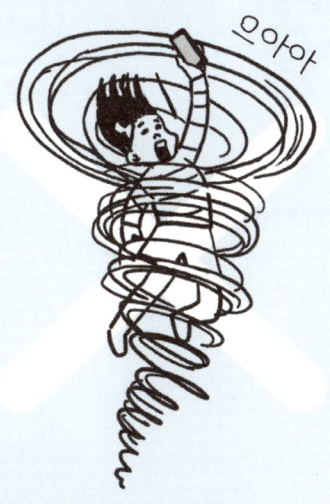

동영상을 찍으러 밖으로 나간다.

회오리는 이동이 매우 빨라요. 자동차보다 더 빠른 속도로 다가오기도 하죠. 아직 멀리 보인다고 방심하면 안 돼요. 회오리와 함께 얼음덩어리인 '우박'도 내릴 수 있어서 밖에 있으면 무척 위험합니다.

제2장

악! 바다에서 놀다가 이안류에 휩쓸렸다!

파도는 해변을 향해 밀려왔다가 다시 바다 쪽으로 빠져 나가지요. 그런데 가끔 바다 쪽으로 좁고 빠르게 치는 파도가 있어요. 여기에 몸이 떠밀리면 해변으로 돌아가지 못할 수도 있죠. 이 파도를 '이안류' 또는 거꾸로 치는 파도라고 해서 '역파도'라고 불러요.

자연 재해

까아아!!

이안류
해안에서 먼바다로 향하는 거센 흐름. 10~30미터의 좁은 폭으로 1초에 2미터 가량 움직인다. 이는 올림픽 수영 세계 신기록보다 빠른 속도다.

문제 Q 이럴 때는 어쩌지?

이안류에 휩쓸리면 힘이 달려서 익사할 수 있어요!

① 손을 흔들며 "도와주세요!" 하고 외친다.

② 해안과 평행으로 헤엄쳐 이안류에서 탈출한다.

③ 하늘을 보고 둥둥 뜬 채 구조를 기다린다.

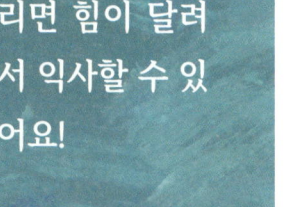

정답 ②

구명조끼가 있을 때

해안과 평행으로 헤엄쳐 이안류에서 탈출한다.

이안류의 폭은 10~30미터 정도이니 튜브나 구명조끼가 있다면 이 방법으로 탈출합니다.
구명조끼가 없다면 ③번 방법을 추천해요.
바다에서 사고가 나면 119에 전화해 신고하세요.

정답 ③

구명조끼가 없을 때

하늘을 보고 둥둥 뜬 채 구조를 기다린다.

구명조끼가 없을 때는 하늘을 향해 누운 채 둥둥 떠서 구조를 기다립니다. 얼굴을 물 위로 내민 채 팔다리를 크게 벌리고 숨을 잔뜩 들이마시면 폐가 부풀어 몸이 물에 떠요. 파도가 치는 상황이라면, 물에 떠 있는 동안 바닷물을 마시지 않도록 조심하세요.

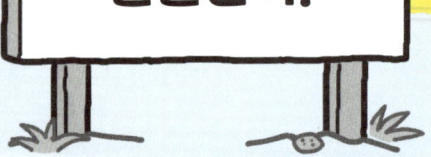

자연 재해

강과 바다에 갈 때 알맞은 복장

수영복 위에 래시 가드
자외선을 막아 주고 튜브 역할도 한다.

구명조끼
주황색이 국제 구조 색상. 물에 빠져도 눈에 띈다. 아동용으로 머리에 후드가 달린 구명조끼도 있다.

구명조끼는 KC 인증 마크를 받은 제품으로 몸무게에 맞는 것을 고른다.

아쿠아 슈즈 등 물놀이용 신발
물속에서도 안전하게 바닥을 딛게 해 준다. 벗겨지기 쉬운 샌들은 비추천!

세계보건기구에 따르면 매년 전 세계에서 23만 명 넘는 사람이 물에 빠져 목숨을 잃는다고 해요. 그러니 생명을 지키고 싶다면 누가 "너무 과하지 않아?"라며 핀잔을 주든 말든 안전한 복장을 갖추는 편이 훨씬 현명해요.

이러면 안 돼! NG

도와 주…

① 손을 흔들며 "도와주세요!" 하고 외친다.

흔히 하는 행동이지만, 소리를 지르면 폐에서 공기가 빠져나와 몸이 가라앉아요. 손을 흔드는 것도 위험해요. 물에 들어가면 오직 몸의 2퍼센트 정도만 물 밖에 내놓을 수 있거든요. 그러니 손을 물 위로 꺼내면 그만큼 얼굴은 잠기고 말죠. 중요한 2퍼센트는 얼굴을 위해 씁시다.

79

제2장

강의 위험

강에 빠진 사람은 페트병을 던져 구한다.

강은 자칫 실수로 빠지기 쉬운 곳이에요. 강물이 투명해서 바닥이 훤히 보이면 실제로는 아주 깊은데도 얕다고 생각할 수 있거든요. 발이 깊은 데 빠져 허둥거리는 순간, 물에 빠지고 맙니다.
강이나 연못에서 사고가 나면 즉시 112나 119에 전화를 걸어 도움을 청하세요.

밧줄이나 긴 천이 있다면 페트병이나 튜브에 묶어서 던진 뒤 당겨서 구조한다.

자연 재해

이걸 받아!

페트병 안에 물을 조금 담으면 더 멀리 던질 수 있다.

빈 페트병이 있다면 물에 빠진 사람에게 던져 주세요. 빈 페트병을 끌어안으면 몸이 물에 뜨거든요. 물에 뜨기만 한다면 아이스박스나 튜브, 공도 좋아요! 일단 던진 다음에 도움을 청합니다.

던질 때는 구조할 사람보다 상류 쪽으로 던지는 게 중요해요. 하류로 던지면 흘러가서 잡을 수 없으니까요.

이러면 안 돼!
NG

멋지게 물에 뛰어들어 구한다.

뛰어든 사람도 물에 빠져 죽는 길입니다. 강은 얕아 보여도 오른쪽 기슭과 왼쪽 기슭의 물살이나 깊이가 달라 헤엄치기 쉽지 않아요. 또 강바닥의 미끄러운 돌을 밟아 넘어졌다가 떠오르지 못해 30센티미터 깊이에서 익사하는 사고도 생겨요. 구조는 전문가에게 맡깁시다.

제 2 장

산의 위험

산에서 길을 잃었다면 움직이지 말고 도움을 기다린다.

어린이는 체력이 넘쳐서 어른보다 먼저 가다가 길을 잃는 경우가 많다.

산에서 길을 잃으면 무작정 아래로 내려가고 싶어지는데, 그러면 안 돼요! 길을 모른 채 내려가다가 절벽으로 떨어지거나 강물에 막힐 수 있습니다.
왔던 길로 돌아갈 수 있다면 돌아가고, 그럴 수 없다면 체력을 아끼며 구조를 기다립니다. 주변 나무에 곰 발톱 자국이 없는지 확인하고 기다리세요.

자연 재해

산에 갈 때 알맞은 복장과 준비물

소방청 조사에 따르면 매년 100명이 넘는 사람이 산에서 목숨을 잃습니다. 복장과 준비물을 잘 챙기고, 꼭 어른과 함께 행동해야 해요.

복장

모자
자외선을 차단한다.

긴소매 셔츠, 긴바지, 긴 양말
피부를 드러내지 않아 독벌레나 부상을 막는다.

배낭

등산화

준비물

헤드 랜턴

물
500밀리리터짜리 생수병을 두 개 이상 챙긴다.

초콜릿, 캐러멜처럼 열량 높은 비상식

곤충·곰 퇴치 스프레이, 곰 퇴치 방울, 호루라기

우비

테이프, 유성 매직
길을 잃었을 때 테이프에 휴대폰 번호, 이름, 날짜, 진행 방향을 알리는 화살표를 적고 나무에 붙여서 SOS 표시를 한다.

소독약, 반창고, 거즈 등 구급 용품

제 2 장

이런! 내일 태풍이 오는데 준비를 전혀 안 했어!

태풍이 접근 중입니다.

뉴스에서 내일 태풍의 영향권에 들어간다는데, 이 태평하기 짝이 없는 가족은 준비라곤 전혀 안 했어요. 태풍 피해를 겪지 않으려면 무엇부터 하면 좋을까요?

Q 이럴 때는 어쩌지?

1
반려동물이나 자전거 등을 집 안에 들여 놓는다.

2
심심할 때를 대비해 만화책을 산다.

3
재난 대비 용품이나 식량을 산다.

4
창문의 덧문을 닫거나 골판지 등을 유리창에 붙인다.

정답 1

반려동물이나 자전거 등을 집 안에 들여놓는다.

"안심이다 멍."

자전거나 화분, 빨래 건조대, 밖에서 키우는 개 등을 전부 집 안에 들여 바람에 날아가지 않게 합니다.

정답 4

창문의 덧문을 닫거나 골판지 등을 유리창에 붙인다.

"창에 골판지? 좋아!"

태풍으로 유리창이 깨지지 않게 막아 줍니다. 덧문이 따로 없다면 유리 파손 방지 필름을 붙이면 좋아요. 바로 구할 수 없다면 택배 상자를 펼친 골판지나 돗자리를 유리창에 테이프로 붙이면 됩니다. 유리창이 깨졌을 때 파편이 실내로 들어오지 못하도록 커튼을 치고, 테이프로 벽에 고정하면 안심할 수 있어요.

자연 재해

이러면 안 돼!
NG

2 **심심할 때를 대비해 만화책을 산다.**

정전, 단수, 유리창 파손, 누수, 강풍에 날린 물건에 맞아 부상…. 태풍의 위험성은 셀 수 없이 많아요! 만화책은 살아남은 뒤에 읽도록 하죠.

3 **재난 대비 용품이나 식량을 산다.**

태풍이 온다고 며칠 전부터 뉴스에서 알렸을 거예요. 하루 전에는 이미 물건이 다 팔렸을지도! 태풍 소식을 들은 시점에서 준비해야 합니다.

태풍이 접근할 때 해야 할 일

Check!

침착해!

제2장

태풍 준비는 하루아침에 끝나지 않아요.
사흘 전부터 계획적으로 준비하는 것이 좋습니다.

좋아어!

3일 전

- [ ] 내가 사는 지역이 태풍의 길에 있는지 일기 예보를 확인한다.
- [ ] 재난 대비 용품과 식량을 사 둔다.
- [ ] 휴대용 대용량 배터리, 비상용 손전등, 건전지, 라디오를 준비하고 바로 쓸 수 있는지 확인해 둔다.
- [ ] 자동차가 있다면 기름을 꽉 채운다.
- [ ] 지붕에 비가 새지 않는지, 홈통이나 배수구가 막히지 않았는지 확인한다.

2일 전

좋았어!

- [ ] 생활안전지도*를 보고 집 주변이 물에 잠길 위험이 있다면 대피 물품을 준비한다.
- [ ] 가족과 함께 어느 대피소로 갈지, 언제 대피할지를 의논한다.
- [ ] 친구와의 약속이나 학원 시간을 변경한다.

자연 재해

1일 전

- [ ] 반려동물과 자전거 등을 집 안에 들인다.
- [ ] 덧문을 닫거나 골판지, 돗자리 등을 창문에 붙인다.
- [ ] 휴대폰 보조 배터리를 챙기고 휴대폰을 충전한다.
- [ ] 다른 지역으로 대피하는 경우, 비바람이 거세지기 전에 미리 대피한다.

6시간 전

- [ ] 일기 예보뿐 아니라 사는 지역의 공식 웹사이트나 스마트폰 안전디딤돌* 앱 등을 주기적으로 확인한다.
- [ ] 정전이나 단수를 대비해 식사를 미리 해 둔다.
- [ ] 욕조에 생활용수를 받아 둔다.
- [ ] 가족이 위험할 수 있는 지역(바다, 강, 산기슭 등)에 있지는 않은지, 안전한 곳에 있는지 확인한다.

* 생활안전지도: 다양한 안전 정보를 지도상에 표시해 보여 주는 국가 서비스. 해양 사고 발생 이력, 지진 발생 이력 등을 지도에서 확인할 수 있다.

* 안전디딤돌: 정부에서 만든 재난 안전 앱. 재난이 발생했을 때나 일상생활에서 필요한 다양한 재난 안전 정보를 제공한다.

제2장

Check!

식량과 재난 대비 용품은 최소 10일분 준비하자!

재해가 닥쳤을 때 전기나 가스, 수도가 복구되고 식량을 손에 넣기까지 열흘 이상 걸릴 수도 있어요. 2주 이상 버틸 양을 준비하면 더욱 안심할 수 있죠.

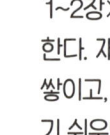

좋았어!

• 마스크

1~2장×10일분×가족 수만큼 준비한다. 재난 상황일 때는 집에 먼지가 쌓이고, 대피소에서 감염병이 유행하기 쉬우므로 마스크는 필수다.

• 소화기
지진으로 불이 날 때가 많다. 집에 하나 갖춰 놓고, 여러 층 건물이라면 층마다 둔다.

• 헬멧
떨어지는 물건 등에 다치지 않게 머리를 지킨다. 가족 수만큼 준비한다.

• 헤드 랜턴, 손전등, 수동 충전기, 라디오, 대용량 배터리, 보조 배터리

정전을 대비하기 위해 준비한다.

•구급 용품

다쳤을 때를 대비해 반창고, 거즈, 소독약, 붕대, 삼각건 등을 준비한다.

•돗자리와 테이프

돗자리는 바닥에 깔거나 벽의 구멍을 막는 등 다양하게 쓸 수 있다. 고정할 때 쓸 테이프도 챙긴다.

•휴대용 화장실과 휴지

'5~7회×10일분' ×가족 수만큼 준비한다. 집 화장실에 비닐봉지를 씌워 즉석 재난용 화장실을 만들 수도 있다. 휴지도 넉넉히 챙겨 둔다.

•물티슈, 구강 청정제, 항균 티슈 등

물이 끊겨서 손 씻기나 목욕, 양치를 할 수 없을 때 쓴다. 가족 수만큼 준비한다.

•식수

하루에 한 명이 마시는 물은 3리터, 10일분을 준비하려면 '30리터×가족 수'를 하면 된다. 상온에 둘 수 있다면 주스도 좋다. 좋아하는 음료수를 갖추어 마음을 달래자! 다만 차나 커피는 오줌을 자주 마렵게 하니 조심할 것.

•식량

하루 3끼, 10일분이니 '30식×가족 수'를 하면 된다. 기본 식량과 함께 오래 두고 먹을 수 있는 통조림과 즉석식품 위주로 준비한다.

•휴대용 가스버너와 부탄가스

가스나 전기를 쓰지 못할 때도 요리할 수 있다. 부탄가스는 10개 이상 갖춰 두면 안심.

•대용량 물통(약수통)

급수 시설에서 나눠 주는 물을 받을 용기. 깨끗한 것을 준비한다.

제2장

어떡해!

주룩―

집중 호우인데 언제 대피해야 할지 모르겠어.

자연 재해

집중 호우로 장대비가 쏟아져서 집 앞 도로가 물에 잠겼습니다. 집에서 나와 대피소로 가야 할 때는 언제일까요?

문제 Q 어느 시점에 대피할까?

1 폭포처럼 비가 줄줄 쏟아져서 도로가 보이지 않는다.

2 양동이로 물을 들이붓듯이 비가 내려 도로가 강물 같다.

3 우산을 써도 젖을 정도로 비가 쏟아져서 도로에 웅덩이가 생겼다.

정답 ③

집중 호우 대피 시점은 우산을 써도 젖을 정도로 비가 쏟아져서 도로에 웅덩이가 생길 때.

안전하게 대피할 마지막 시점이 바로 이때입니다. 집보다 높은 곳에 있는 대피소로 도망칩시다.

1, 2번일 때는 이미 대피하기 늦어요! 비 때문에 눈앞이 보이지 않는 상황에서 대피하면 넘어질 위험이 있습니다. 또 호우 때 흐르는 물살은 상상 이상으로 강력해요. 발목 높이까지 오는 물이 거세게 흐르면 사람은 버티지 못하고 쓰러져 휩쓸려 갑니다. 1, 2번 상

꺅, 당장 도망쳐야 하잖아!

자연 재해

호우 진행별 행동 요령

황에선 단독 주택이라면 제일 높은 층, 빌라나 아파트라면 3층 이상 위로 도망치는 '수직 대피'를 합니다.

사전 준비	하천 범람, 산사태, 침수 등이 일어날 수 있으니 가족이나 이웃과 함께 주변 시설물을 점검하며 대비한다.
호우 특보 예보시	거주 지역에 영향을 주는 시기를 미리 파악하고, 재난 대비 용품을 준비하고, 비상시 대피법을 미리 공유한다.
호우 특보 도중	신속히 안전한 곳으로 대피하고, 외출을 삼가며 이웃이나 가족과의 연락을 통해 안전 여부를 확인한다. 주변에 거동이 어려운 사람이 있다면 함께 대피한다.
호우 이후	나와 이웃 등 주변의 피해 상황을 확인하고, 가까운 행정복지센터 등에 신고하여 피해 입은 곳을 고친다.

* 국민재난안전포털을 참고해 작성.

왜 사람은 미리미리 대피를 못 할꼬!

원래 위험한데도 괜찮을 거라고 생각하는 심리가 있대요. 비나 바람, 눈은 평소에도 오니까 어느 시점부터 재해인지 판단하지 못해 괜찮다고 믿는 사람도 많고요.

호우의 위험

호우 중 대피할 때는 운동화를 신고 우산을 지팡이로 삼아 걷는다.

발밑을 잘 살펴야 한다.

거센 비가 내릴 때 장화를 신으면 신발 안쪽으로 물이 들어와 금세 무거워지고 걷기 힘들어져요. 운동화나 아쿠아슈즈처럼 걷기 편한 신발을 신고 이동합시다.

빗물 때문에 도로의 도랑이나 턱이 보이지 않으니 다치기 쉬워요. 우산을 쓰지 말고 지팡이처럼 땅을 짚으며 걸어가야 해요.

자연 재해

배낭
소지품을 전부 배낭에 넣는다.

긴바지

대피할 때 복장

있으면 좋은 것

- 헬멧
강풍에 날아오는 돌 같은 것으로부터 머리를 보호한다.

- 구명조끼
강이 넘치면 구명조끼를 입는다.

운동화 또는 아쿠아 슈즈
자주 신어 익숙한 것으로 신는다.

우비
물이 스미지 않는 고어텍스 소재면 좋다.

우산
땅을 짚으며 걷는다.

소지품

지갑, 스마트폰, 통장 등 귀중품
지퍼 백에 넣어 밀폐한다.

수건, 갈아입을 옷
비닐봉지에 넣어 밀폐한다.

커다란 비닐봉지
젖은 물건을 보관한다.

1~2일분 물과 식량
너무 무겁지 않게 챙긴다.

헤드 랜턴
밤에 대피할 때 쓴다.
방수되는 것으로 준비한다.

제2장

아뿔싸, 평온하던 집에 지진이!

자연 재해

집에서 평온하게 간식을 먹는데
갑자기 흔들흔들!
서 있지 못할 정도로 큰 지진이 났어요.
지금 집에는 어른이 아무도 없습니다.
우선 무엇을 하면 좋을까요?

문제 Q 이럴 때는 어쩌지?

 테이블 아래로 들어간다.

 텔레비전을 켜서 진도를 확인한다.

 복도로 도망친다.

제2장

정답 3

집에 있는데 지진이 나면 복도로 도망친다.

흔들림이 멈췄어!

지진이 나면 땅이 거세게 흔들리며 각종 물건이 움직이거나 떨어지고 쓰러집니다. 부엌이나 거실은 그릇장이나 유리창 같은 게 깨져 파편이 날아올 수 있어 위험해요.

그러니 지진이 나면 복도처럼 '주변에 물건이 없는 곳'으로 도망치고 흔들림이 멈추기를 기다립니다.

자연 재해

이러면 안 돼! NG

① 테이블 아래로 들어간다.

테이블 아래에 숨으라는 말을 자주 듣는데, 바닥에 고정되지 않은 테이블은 지진이 났을 때 격렬하게 움직여서 흉기가 될 수 있어요. 테이블에 놓였던 식기가 떨어져서도 위험하고요.

② 텔레비전을 켜서 진도를 확인한다.

당연히 지진의 세기가 궁금하겠지만 생명을 지키는 것이 최우선이죠. 흔들림이 멈춘 뒤에 지진 정보를 확인해도 늦지 않아요.

욕실이나 화장실에 있을 때 지진이 나면

욕실과 화장실이 따로 있다면, 욕실에서는 거울이나 유리창이 깨질 위험이 있으니 앉아서 대야를 머리에 뒤집어쓰고 욕조를 꽉 붙잡으세요. 화장실에서는 바로 나올 수 없다면 변기 뚜껑이 날아가지 않도록 몸으로 누르고 흔들림이 멈추기를 기다립니다.

으악! 하교 중 지진이!

만약… 학교에서 집에 가던 길에 지진이 나면 어떻게 해야 할까요? 학교로 돌아가는 편이 빠르다면 학교로 갑니다. 이미 집 근처라면 최대한 안전한 길로 집에 가야 합니다. 오른쪽 지도에서는 어느 길이 제일 안전할까요?

문제

Q
어느 길이 안전할까?

제2장

시작

집에 어떻게 가지?

편의점 24

방긋방긋 로드

지붕이 있는 상점가   자판기

강   공원

자연 재해

정답

안전한 길은 바로 이런 곳!

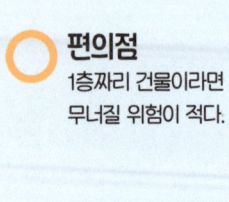

○ **편의점**
1층짜리 건물이라면 무너질 위험이 적다.

✕ **지붕이 있는 상점가**
천장 아케이드가 무너질 위험이 있다.

✕ **자판기**
고정되지 않은 자판기는 쓰러질 위험이 있다. 혼자 깔리면 도움 없이는 탈출할 수 없다.

✕ **강**
다리가 무너질 수도 있다. 또 지진 해일이 발생하면 다리 위로 물이 거슬러 올라올 수 있다.

○ **공원**
공원처럼 넓게 트인 장소는 안전하다.

제2장

바닷가에서 지진이 났다!

자연 재해

쿠르릉

아무도 없는 바닷가에서 혼자 생각에 잠겨 있는데, 흔들흔들 땅이 흔들리기 시작했어요. 어쩌지, 제법 큰 지진인가 봐! 지금 당장 해야 할 행동은?

문제 Q 이럴 때는 어쩌지?

 그 자리에서 상황을 살핀다.

 가족이나 친구를 기다리지 말고 높은 곳으로 도망친다.

 가족이나 친구에게 전화를 건다.

정답 2

바닷가에서 지진이 나면 가족이나 친구를 기다리지 말고 높은 곳으로 도망친다.

바다 근처에서 지진이 나면 당장 지진 해일이 닥칠 수 있습니다.

땅이 흔들렸다고 느끼면 가족이나 친구를 기다리지 말고, 곧장 혼자서라도 바다 반대편의 높은 곳으로 도망쳐요! 너무 멀면 5층 이상인 높은 건물 제일 위층으로 도망칩니다.

대피소에서는 납치나 성범죄, 도난 같은 범죄에 주의해야 해요. 특히 화장실에 갈 때나 잘 때는 아이가 있는 어른에게 "같이 가 주시면 안 될까요?" 부탁하며 혼자 있지 말도록 합니다.

자연 재해

이러면 안 돼!
NG

 그 자리에서 상황을 살핀다.

지진 해일은 정말 빨라요. 지진이 발생하고 지진 해일이 해안에 도착할 때까지, 고작 몇 분이 걸릴 때도 있습니다. 지진 해일을 직접 본 뒤 대피하면 당연히 따라잡혀요. 움직일 정도가 되면 바로 대피해요.

 가족이나 친구에게 전화를 건다.

가족이나 친구가 무사한지 걱정되는 기분은 이해해요. 그러나 일단 도망쳐요! 전화하다가 생명을 잃으면 무슨 소용인가요. 애초에 큰 지진 직후에는 다들 전화에 신경 쓸 상황이 아니에요. 연락은 지진이나 지진 해일이 진정된 뒤에 합니다.

지진이 나면 '지진 해일을 대비해 제각각 도망칠 것'

2011년 동일본 대지진 때 높이 16.5미터 이상의 지진 해일이 일어났어요. 철근 콘크리트 빌딩도 파괴할 정도의 위력이었습니다.

이 재해로 2만 명 이상의 사람이 목숨을 잃었는데, 이와테현 가마이시시에서는 초등학교와 중학교 학생 모두가 저마다 알아서 높은 곳으로 도망쳐서 생명을 구했어요. 평소 '지진 해일이 오면 혼자서라도 알아서 도망칠 것'이라는 방침으로 대피 훈련을 했다고 해요. 바다 근처에 살거나 바다에 가는 사람은 미리 안전한 장소를 확인하고, 지진이 나면 혼자라도 꼭 그곳으로 도망쳐야 해요.

Check!

당황하지 말자!

비상 상황에 연락하는 법

제2장

재해로 가족과 떨어졌을 때를 대비해 연락 방법을 세 가지 이상 미리 정해 두면 당황하지 않겠죠? 이런 방법이 있습니다.

스마트폰 메신저 앱으로 연락한다.
전화 연결보다 인터넷 연결이 잘될 수 있다.

친척 집에 연락해 소식을 전해 달라고 부탁한다.
가족과 직접 연락할 수 없을 때 쓸 수 있는 방법이다.

집에 메모를 적어 붙이고 대피한다.
어디에 메모를 붙일지 가족과 미리 정해 둔다.

메모나 전언을 남길 때는 '자기 이름', '지금 있는 곳', '같이 있는 사람의 이름', '건강 상태', '앞으로 행동 예정' 같은 것을 남기면 좋아요. 여러분에 관한 가능한 한 많은 정보를 남기는 거예요.

공중전화로 전화한다.

집 전화나 휴대폰이 연결되지 않는다면 공중전화를 이용한다. 통화량이 늘어나는 재해 상황에서도 공중전화는 비교적 잘 연결된다.

공중전화를 사용하는 법

❶ 수화기를 든다.
❷ 동전을 넣는다.
❸ 전화번호를 누른다.

미리 준비하면 괜찮아!

제 3 장

부상과

살다 보면 무슨 일이
일어날지 모르는 게
인생입니다.
다치거나 사고를
당해 갑자기 일상이

* 당장 병원에 가야 할지, 아니면
구급차를 불러야 할지 판단하기
어려울 때는 119에 전화를 걸어
문의할 수 있다.

생 존

사고에서

무너질 수도 있죠.
그럴 때는 냉정을
잃지 않고 침착하게 대처
하는 것이 일상을 되찾는
데에 도움이 됩니다.

하라!

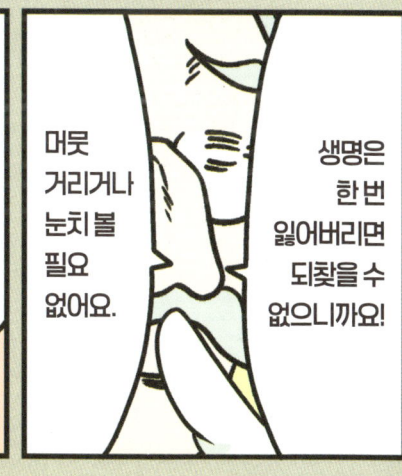

제 3 장

질식 신호
사람이 숨이 막히면 자연스럽게 목을 움켜쥐게 돼요.

큰일이야! 할머니 목에 사탕이 걸렸어!

사탕을 먹던 할머니가 갑자기 목을 부여잡고 괴로워하기 시작했어요! 목소리도 내지 못하셔서 급히 119에 전화해 구급차를 불렀어요. 구급대원이 올 때까지 뭘 하면 좋을까요?

부상 사고

할머니, 괜찮아요?

여기 구급차 좀 보내 주세요!

119

Q 이럴 때는 어쩌지?

1 입에 청소기를 대고 빨아들인다.

2 등을 세게 친다.

3 물을 마시게 한다.

정답 2

목에 사탕이 걸리면 등을 세게 친다.

목에 뭔가 걸렸을 때는 우선 목소리가 나오는지, 기침을 할 수 있는지 확인합니다. 만약 둘 다 할 수 없다면 질식된 상태예요!

당장 119에 전화해 구급차를 부르고, 오른쪽에 나오는 그림처럼 양 어깨뼈 사이를 손바닥 아랫부분으로 강하게 칩니다.

그렇게 했는데도 사탕을 토하지 못하고 축 처져서 반응이 없다면 심장이 멎었다는 증거예요. 곧장 가슴 압박(140쪽 참고)을 시작합니다.

참고로 떡은 목 안쪽에 달라붙어서 토하기 어려운 음식이라 삼키는 힘이 약한 노인들은 먹을 때 주의해야 해요. 일본에서는 매년 300명 정도가 떡 때문에 질식 사고를 겪습니다.

질식 시 응급 처치

목에 뭔가가 걸렸을 때는 손바닥 아래쪽의 볼록한 부분으로 좌우 어깨뼈 사이를 있는 힘껏 쳐서 토하게 합니다. 이물질을 토할 때까지 반복합니다. 만약 의식이나 반응이 사라지면 가슴 압박을 시작하세요.

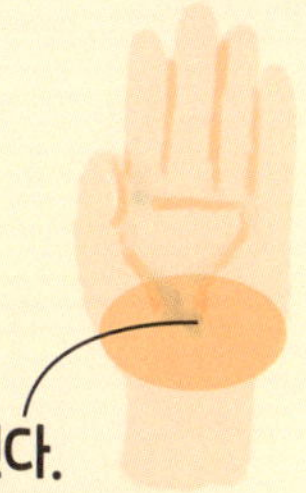

이 부위로 친다.

이러면 안 돼!
NG

 입에 청소기를 대고 빨아들인다.

 물을 마시게 한다.

두 가지 다 언뜻 보면 효과가 있을 것 같은데, 사실은 질식이 더 심해지는 위험한 방법이에요. 사탕이 보이지 않는데 목 안에 손가락을 집어넣어 꺼내려는 행동도 안 됩니다.

목욕하러 들어간 할아버지가 아무리 기다려도 나오지 않네요. 이상하다 싶어 욕실 문을 열었더니 할아버지가 욕조에 축 늘어져 있습니다! 제일 먼저 무엇을 하면 좋을까요?

문제 Q 이럴 때는 어쩌지?

1 찬물을 끼얹는다.

2 뜨거운 물을 끼얹는다.

3 얼굴을 때린다.

정답 ③

욕조에 사람이 늘어져 있을 때는 얼굴을 때린다.

욕조에 늘어진 사람을 발견하면, 제일 먼저 의식이 있는지부터 확인합니다. 얼굴을 때려서 반응이 있는지 살피는 것이죠. 반응이 없으면 구급차를 부르고, 얼굴이 물에 잠기지 않도록 욕조의 물을 뺍니다. 그런 다음에 몸이 식지 않도록 담요로 몸을 감싸 줘요.

어린이 힘으로 의식이 없는 사람을 욕조에서 꺼내기는 어려워요. 집에 다른

부상 사고

이러면 안 돼! NG

 찬물을 끼얹는다.

'뜨거워서 현기증이 나셨나 봐. 찬물을 끼얹으면 되겠지!' 이렇게 생각하기 쉬운데, 늘어진 상태에서 입안으로 물이 들어가면 질식의 위험이 있어요.

 뜨거운 물을 끼얹는다.

뜨거운 물을 뿌리는 건 더욱더 의미 없는 행동이죠.

그만 하거라…

어른이 있으면 꺼내 달라고 하고, 호흡이 평소와 같지 않다면 구급차가 올 때까지 가슴 압박(140쪽 참고)을 합니다.

온열 질환을 조심하자

욕실에선 각종 온열 질환을 겪을 수 있습니다. 뜨거운 공간에서 땀을 많이 흘려 탈진할 수도 있고, 따뜻한 방에 있다가 옷을 벗어 추위를 느꼈다가 뜨거운 욕조에 들어가는 식으로 짧은 사이 온도 차가 심하면 실신할 수도 있어요. 혈압이 급격히 올랐다가 떨어져 몸이 버티지 못하기 때문이죠. 이를 방지하려면 몸 상태를 자주 살피고, 옷을 벗을 때에도 너무 춥지 않도록 난방 기구를 두는 등 온도 차를 줄이는 게 좋습니다.

열사병의 위험

열사병에 걸렸다면 수분을 섭취하며 몸을 식힌다.

무더운 날, 친구가 제대로 걷지 못하고 비틀거린다면 열사병에 걸린 것일 수 있어요. 우선 주변에 있는 어른을 불러 그늘진 곳이나 시원한 실내로 옮기고, 물이나 이온 음료를 마시게 합니다.
그다음, 무조건 몸을 식힙니다. 옷을 벗기고 찬물을 뿌리거나 부채질을 해 주면 효과적이에요. 얼음이나 아이스 팩이 있다면 수건에 둘둘 말아 겨드랑이

부상 사고

시원한 곳으로 옮기기

물이나 이온 음료를 마시게 하기

얼음이나 아이스 팩을 수건에 말아 시원하게 대 주기

빨간 동그라미 부위를 시원하게 해 준다. 붙이는 냉각 시트는 몸을 효과적으로 식혀 주지 못하니 참고할 것.

아래와 사타구니, 목에 대 줍니다.
만일 의식이 없거나, 불러도 멍하니 반응이 없다면 구급차를 불러야 해요.

열사병 위험 신호

열사병이 심해지면 생명이 위험할 수 있어요. 다음 증상이 나타나면 바로 병원에 가세요!

- 얼굴이 빨개진다.
- 두통, 현기증이 있거나 구역질이 난다.
- 몸이 비틀거리고 머리가 멍하다.
- 체온이 갑자기 마구 오른다.

제3장

끄악!
옷에 불이 붙었다!

부상 사고

안 돼!

가족과 모처럼 바비큐 파티를 즐기러 왔어요. 숯에 불을 올리는데 아니, 옷에 불이 붙고 말았다! 당황스러운 마음은 꾹 참고, 일단 무엇을 해야 할까요?

문제
Q 이럴 때는 어쩌지?

 멀리 수돗가까지 달려간다.

 누가 물을 끼얹어 주기를 기다린다.

 땅을 데굴데굴 구른다.

제3장

정답 ③

옷에 불이 붙었다면 땅을 굴러 불을 끈다.

1. 멈춘다.
우뚝

2. 옆으로 쓰러진다.

옷에 불이 붙으면 물을 끼얹어 끄는 것이 기본이지만, 가까운 곳에 수도가 없다면 그 자리에서 데굴데굴 굴러 불을 꺼야 합니다. 불이 붙은 부위를 정확하게 땅에 대는 것이 핵심이죠.

얼굴에 불이 옮겨붙지 않도록 양손으로 얼굴을 감싸고, 누군가 물을 끼얹어 줄 때까지 계속 굴러요!

부상 사고

3. 구른다.

데굴데굴

이러면 안 돼!
NG

 멀리 수돗가까지 달려간다.
달리면 오히려 불이 더 번져요.

 누가 물을 끼얹어 주기를 기다린다.
기다리는 동안 불이 번지고 말아요.
시간을 끌어선 안 됩니다.

집에 불이 나면

화재가 나면 가장 무서운 것이 바로 '연기'입니다. 불에 화상을 입는 것도 위험하지만, 연기에 있는 '일산화 탄소'를 들이마시면 의식을 잃고 최악의 상황에는 죽을 수도 있어요. 그러니 불이 나면 **연기를 마시지 않도록 자세를 낮추고, 숨을 참은 채 도망쳐야 합니다.** 일단 화재 현장에서 빠져나왔다면 무슨 일이 있어도 다시 그곳으로 돌아가선 안 돼요.

제3장

화상의 위험

화상을 입었다면 곧장 흐르는 물로 식힌다.

큰일 났다! 실수로 뜨거운 된장국을 아빠에게 쏟고 말았어요!
이럴 때는 차분하게 응급 처치를 합니다. 물로 바로 열기를 식히면 화상이 심해지는 걸 막을 수 있어요.
옷을 벗거나 걷어 올리고, 흐르는 물에 화상 부위를 가져다 댑니다. 통증이 가라앉을 때까지 5분에서 30분 정도 식히는 거예요. 화상 범위가 넓다면 샤워기를 씁니다. 다만 몸이 덜덜 떨릴 정도로 차갑게 해선 안 되니 주의하세요. 또, 얼음을 쓰면 지나치게 차가워 오히려 나빠질 수 있으니 우선 흐르는 물로 식혀야 해요. 그런 다음 최대한 빨리 병원에 가서 진찰을 받습니다.

* 피부에 옷이 들러붙었거나 옷 아래로 물집이 생겼다면, 억지로 옷을 벗지 말고 그 위로 물을 뿌린다.

저체온증의 위험

저체온증에 걸렸다면 무조건 몸을 따뜻하게 한다.

집 앞에 쌓인 눈을 치우는데 남동생이 덜덜 떨기 시작했어요! 이럴 땐 저체온증일 수 있어요.

체온이 갑자기 낮아지면 생명이 위험할 수 있으니 무조건 몸을 따뜻하게 데우는 게 중요해요. 몸이 떨릴 정도라면 찬바람이 닿지 않는 따뜻한 곳으로 데려가세요. 젖은 옷은 벗기고 담요로 온몸을 둘둘 감싸 줍니다.

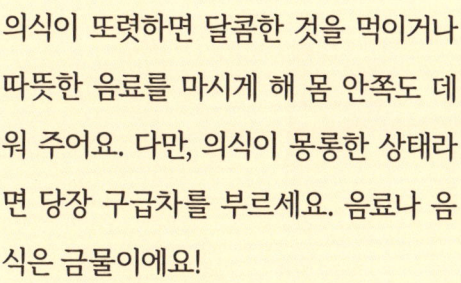

의식이 또렷하면 달콤한 것을 먹이거나 따뜻한 음료를 마시게 해 몸 안쪽도 데워 주어요. 다만, 의식이 몽롱한 상태라면 당장 구급차를 부르세요. 음료나 음식은 금물이에요!

제3장

어떡해!

아빠가 길에서 쓰러졌어!

어느 날, 아빠와 같이 길을 걷고 있었는데 갑자기 아빠가 쿵 쓰러지더니 움직이지 않아요!

이때, 만약 아빠의 심장이 멎었다면 구급차가 오기 전까지 '응급 처치'를 어떻게 하느냐가 운명을 가릅니다.

누군가 쓰러졌을 때 주변에 있던 사람이 응급 처치를 하는 경우, 하지 않았을 때보다 '생명을 구할 가능성'이 두 배나 높아진다고 해요.

누군가를 돕는 일은 두렵기도 하고 용기가 필요하죠. 먼저 자신의 안전을 확보한 다음, 할 수 있다면 도와야 합니다.

이제부터 심장이 멎은 사람을 돕는 방법을 소개할게요.

심장이 뛰지 않는 사람을 돕는 방법

① 자신의 안전을 확보한다.

자동차가 씽씽 달리는 도로에 있거나 누군가 칼을 휘두르는 상황이거나 화재나 감전 위험이 있는 등 위험에 노출되어 있다면 무턱대고 도우러 가선 안 됩니다. 주변 어른에게 도움을 요청하고, 가능하면 119나 112에 신고합니다. 안전하게 구하러 갈 수 있을 때만 쓰러진 사람에게 다가갑니다.

② 반응이 있는지 확인한다.

쓰러진 사람에게 말을 걸며 어깨를 부드럽게 두드립니다. 눈을 뜨거나, 말을 하거나, 지시에 따른다면 반응이 있는 거예요. 눈썹이나 눈을 아주 조금 움직이는 데 그치는 등 판단을 내리기 어려울 때는 반응이 없다고 보고 ③번으로 넘어갑니다.

③ 큰 소리로 도움을 청한다.

"여기 사람이 쓰러졌어요! 도와주세요!" 하고 큰 소리로 외쳐 주변 사람에게 도움을 청합니다. 사람은 생각보다 앞장서서 움직이기 어려워합니다. 그래서 특정한 사람을 가리키며 "아줌마는 119에 신고해 구급차를 불러 주세요!", "아저씨는 심장 충격기(AED)를 가져오세요!"라고 지시해야 해요.
주변에 사람이 없을 때는 직접 119에 신고해 구급차를 부르고, 심장 충격기가 어디 있는지 알면 가지러 갑니다.

사람이 쓰러졌어요! 도와주세요!

이후 내용은 어른이 주도해서 진행하는 응급 처치입니다. 그래도 주변에 아무도 없을 때를 대비해 알아 두면 손해 볼 것 없겠죠!

④ 평소처럼 호흡하는지 확인한다.

숨을 쉬고 있는지, 쉰다면 호흡이 일반적인지 확인합니다. 가슴과 배의 움직임을 관찰해서, 10초 안에 오르락내리락하는 움직임이 없거나, 호흡이 느껴지지 않거나, 판단하기 어려울 때는 '심장이 멎은 상황'으로 봅니다.

- 심장이 멎었다면 → ⑤번에 나오는 가슴 압박을 시작합니다.
- 평소처럼 호흡한다면 → 상태를 살피며 구급차가 오기를 기다립니다.

아홉, 열…

제3장

⑤ 가슴 압박을 시작한다.

'가슴 압박'이란, 가슴 한복판에 있는 복장뼈를 압박해 심장이나 뇌에 혈액을 보내는 방법입니다. 가슴뼈라고도 하는 복장뼈는 가슴 한가운데에 세로로 난 뼈입니다. 그 뼈의 아래쪽에 손바닥의 도톰한 아랫부분을 대고 위에 다른 손을 겹쳐서 손가락을 깍지 끼고 압박합니다. 하다가 지쳤다면 무리하지 말고 다른 사람과 교대해서 도중에 중단되지 않도록 합니다.

강하게(가슴이 5센티미터쯤 가라앉는 정도), 빠르게(1분에 100~120회), 끊이지 않게를 기억하세요!

여기로 누른다.

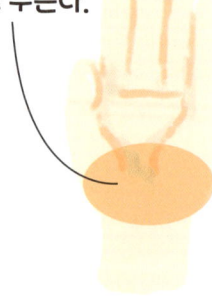

쓰러진 사람이 어린이라면 '가슴 두께의 3분의 1이 눌리는 수준'의 세기로 누릅니다. 양손으로 누르는 게 너무 강한 것 같다면 한 손으로 압박해도 좋아요.

이 부근을 누른다.
(좌우 젖꼭지 중간쯤)

두 손을 겹쳐서 누른다.

⑥ 심장 충격기(AED)가 있다면 사용한다.

심장 충격기(AED)는 심장이 멈춘 환자에게 전기 충격을 주어 심장 리듬을 돌아오게 하는 기계입니다. 지하철과 같은 공공장소 곳곳에 비치되어 있어요. 기계 전원을 켜면 음성 안내가 나옵니다. 쓰러진 사람의 상의를 벗기고, 안내에 따라 전극 패드를 붙이면, 전기 충격이 필요한 상태인지 기계가 자동으로 분석합니다. 전기 충격이 필요하다면 '심장 충격이 필요합니다.' 같은 안내가 나오고 자동으로 충전을 시작해요. 그리고 심장 충격 버튼이 깜빡일 거예요. 이때, 버튼을 누르기 전 쓰러진 사람과 닿아 있는 사람은 없는지 꼭 확인해야 합니다. 전기 충격을 줄 때 붙어 있으면 위험하거든요. 버튼을 누른 다음에는 곧바로 ⑤번의 가슴 압박을 시작합니다. 도중에 나오는 기계의 음성 안내에 따라 앞의 과정을 반복해요.

* 아래 QR 코드에 접속하면 '중앙응급의료센터 자동 심장 충격기(AED) 지도'로 가까운 AED 설치 장소를 알 수 있어요.

⑦ 가슴 압박을 반복한다.

심장 충격기를 써도 의식이 돌아오지 않으면, 구급차가 도착할 때까지 ⑤번 가슴 압박과 ⑥번 심장 충격을 반복합니다.

동영상으로 익히는 '가슴 압박(심폐 소생술)'

행정안전부 유튜브 채널에서 '심폐 소생술' 방법을 소개하고 있습니다. 동영상으로 보면 쉽게 이해할 수 있어요. 오른쪽 QR 코드에 접속해 확인하세요.

제3장

만약에 대비하자!
다쳤을 때 필요한 응급 처치

아무리 조심하더라도 누구나 갑작스럽게 다칠 수 있어요. 아프고 피가 나면 당황하고 충격을 받기 쉬운데, 일단은 침착해야 해요. 올바른 응급 처치를 하면 증상도 빨리 가라앉고, 상처도 금방 회복된답니다.

베여서 상처가 났을 때
먼저 흐르는 물로 상처를 깨끗이 씻어 내 먼지나 이물질을 없앱니다. 그런 다음 상처 부위에 연고를 바르고 반창고를 붙입니다.

피가 심하게 흐르면…
출혈이 심할 때는 구급차를 부릅니다. 피를 씻어 내지 말고 손수건 같은 천으로 상처를 꾹 눌러 피가 멈추도록 합니다. 이를 '압박 지혈'이라고 합니다.

손가락을 삐었을 때

손가락을 삐면 일단 찬물에 손을 담그거나, 얼음을 수건으로 감싸 상처에 대고 냉찜질을 합니다. 최대한 가만히 두고, 절대 잡아당기지 마세요. 골절되거나 통증이 더 심해질 수 있어요. 단순히 삔 줄 알았는데, 부러진 경우도 있으므로 계속 아프다면 병원에 가는 편이 좋아요.

코피가 날 때

고개를 숙이고, 콧방울(코끝 양쪽으로 둥글게 나온 부분)을 손으로 쥐어 피를 멎게 합니다. 고개를 뒤로 젖히는 게 좋다는 이야기도 있는데, 그러면 코피가 목으로 넘어가고 숨쉬기도 불편해요. 만약 입에 피가 고이면 침을 뱉듯 가볍게 뱉어 냅니다. 15분이 지났는데도 피가 멈추지 않으면 병원에 가야 해요.

머리를 박았을 때

부딪친 부위에 혹이 생긴 정도라면 젖은 수건이나, 얼음을 감싼 수건을 대고 찜질하며 상태를 살핍니다. 의식이 없거나, 두통이 너무 심하거나, 토할 거 같으면 무리해서 움직이지 말고 구급차를 부릅니다. 만일 헬멧을 쓴 상태라면 머리나 목이 아플 수 있으니 억지로 벗지 않습니다.

앗, 차가워!

아프다!
뼈가 부러졌다면…

친구가 꽈당 넘어졌어요! 우선 피가 나는지 확인하고, 출혈이 심하다면 압박 지혈(142쪽 참고)을 시작합니다. 그리고 어그러진 부분은 없는지 확인해요. 심하게 아파하거나, 부딪힌 부위가 어그러졌다면 뼈가 부러졌을 수 있어요. 무턱대고 움직이면 안 되니 '부목'으로 고정한 뒤 병원에 갑니다.

부목으로 고정하는 방법
(팔이 부러졌을 때)

1. 부러진 곳에 부목을 댄다.

다친 부위 아래에 부목이 될 만한 물건을 댄다.(수건이 있다면 부목 위에 깐다.) 다친 부위를 똑바로 고정할 수 있다면 택배 상자, 접이식 우산, 잡지, 방석 등 무엇이든 부목으로 쓸 수 있다.

2. 부목을 고정한다.

붕대 등으로 다친 부위와 부목을 함께 묶어 고정한다. 묶는 위치는 다친 곳을 피해야 한다. 피가 통하도록 조금 느슨하게 묶는다.

3. 삼각건으로 받쳐 준다.

삼각건이나 커다란 손수건, 보자기 등으로 팔을 받쳐 움직이지 않게 고정한다.

괴로워!
열이 날 때는…

감기 같은 감염병에 걸려서 열이 날 때는 푹 자는 것이 가장 중요해요. 몸이 오슬오슬 춥고 떨리면 이불을 잘 덮어 따뜻하게 해 줍니다. 반대로 열이 높아 땀을 많이 흘리면, 젖은 옷과 속옷을 갈아입고 옆구리, 목, 사타구니를 냉찜질로 차갑게 해 줍니다. 차가운 소재의 베개나 해열 시트를 쓰면 기분은 좋지만, 체온을 내려 주는 효과는 크게 기대할 수 없어요. 그러니 아이스 팩이나 얼음을 감싼 수건을 사용합니다.
열이 어느 정도인지에 상관없이 의식이 몽롱하거나 물을 마실 수 없다면 위험하다는 신호예요. 당장 병원으로 갑시다.

감염병은 걸리지 않는 것이 제일!

예전에는 '감염병에 걸리는 편이 어린이의 면역력을 높일 수 있어서 좋다'라는 속설이 있었는데, 꼭 그렇지만도 않아요.
일본 뇌염은 약 20퍼센트가 죽는 치명적인 감염병이고, 소아마비 같은 경우 목숨을 건지더라도 후유증이 남을 확률이 높아요. 독감, 신종 코로나바이러스 같은 감염병은 면역이 생기지 않아 한 번 걸렸더라도 또 감염될 수 있어 괴롭죠. 또, 사람마다 감염병 증상도 다릅니다. 나이 든 사람이나 몸이 약한 사람이 옮으면 상태가 나빠져 목숨을 잃을 수 있어요. 백신이 있는 질병은 예방 주사를 맞고, 감염병이 유행할 땐 주의해서 다니는 게 제일 안전해요. 여러분과 주변 사람들의 생명을 지키는 길이랍니다.

세 가지 기본 감염 예방법

손을 씻는다.

알코올이나 소독제, 비누(흐르는 물로 30초)로 씻는다. 다만 노로바이러스, 로타바이러스, 아데노바이러스처럼 알코올 소독 효과가 낮은 바이러스도 일부 있다.

마스크를 쓴다.

감염병에 걸린 사람은 물론이고, 돌보는 사람을 비롯해 건강한 사람도 마스크를 쓰면 병균이 퍼지는 걸 막을 수 있다. 기침할 때는 마스크 위에 손수건을 덮어 코와 입을 막는다.

가글을 한다.

목 안쪽까지 물이 닿도록 위쪽을 보며 입안을 헹군다. 물 대신 차로 해도 좋다.

제 4 장

범죄

'범죄는 나와 상관없는 일'이라고 여기기 쉽지만, 안타깝게도 범죄의 싹은 생각보다

생 존

위험에서

가까운 곳에 숨어 있어요.
그래도 걱정 말아요.
예방하는 법을 배우고,
위험한 상황을 피하면
되니까요.

하라!

수상한 사람

서식지	어디에나 있다.
연령·성별	특징 없음. 여성이나 노인, 학생은 물론이고 아는 사람이라고 방심하면 안 된다.
복장	특징 없음. 마스크나 선글라스를 낀 사람만 있지 않다.
약점	제대로 된 어른, 경찰.

Q 이럴 때는 어쩌지?

 "악! 싫어!" 하고 소리친다.

 뒤를 돌아 상대의 다리 사이를 걷어찬다.

 가까운 가게나 가정집의 어른에게 도와 달라고 한다.

정답 ③

수상한 사람이 쫓아오면 어른에게 도와 달라고 한다.

어린이를 노리는 수상한 사람이 제일 무서워하는 것은 제대로 된 어른입니다. 어른이 무서우니까 약한 어린이를 괴롭히는 거죠. 누가 쫓아온다면 편의점 같은 가까운 가게에 들어가 도움을 청합니다.

가 본 적 없는 낯선 가게여도 괜찮아요. 여러분이 도와 달라고 하면 안으로 들이고 경찰을 불러 줄 거예요.

범죄 위험

이러면 안 돼!
NG

① "악! 싫어!" 하고 소리친다.

단순히 소리만 지르면 누군가 장난친다고 생각할 수 있어요. 소리칠 때는 근처에 누가 있는 것처럼 "거기 아저씨! 저 좀 도와주세요!"라고 외치고, 수상한 사람이 멈칫한 사이에 달려 도망칩니다.

② 뒤를 돌아 상대의 다리 사이를 걷어찬다.

만화나 애니메이션과 달리 세게 걷어차도 어린이는 어른에게 간단히 제압될 수 있어요. 나서서 다가가면 위험합니다!

만약 근처에 가게가 없다면, 모르는 가정집이더라도 초인종을 누르고 "이상한 사람이 쫓아와요! 도와주세요!"라고 말하세요. 집에서 어른이 나오면, 수상한 사람은 도망갈 거예요.

혹시 수상한 사람이 아니면 어쩌지?

'수상한 사람이 아닐지도 모르잖아.'라는 생각에 도망칠지 말지 망설일 수 있어요. 하지만 그렇게 생각하는 게 훨씬 위험합니다!
무섭다는 생각이 들면 무조건 달려가서 다른 어른에게 도움을 청합니다. 수상한 사람이 아니었다면 나중에 사과하면 돼요.

"무섭게 해서 미안하구나…."

범죄 위험

학교를 마치고 집에 가는데, 모르는 사람이 말을 걸어 왔어요.
"우리 고양이를 잃어버렸는데, 도통 보이질 않네…. 같이 찾아 주지 않을래?"
슬픈 표정으로 부탁하는데, 불쌍해요!

문제

Q 이럴 때는 어쩌지?

1 곤란해 보이니까 따라간다.

2 고양이 사진을 스마트폰에 전송해 달라고 하고 각자 찾는다.

3 "어른한테 말하세요!"라고 대답하고 도망친다.

정답 ③

모르는 사람이 말을 걸면 "어른한테 말하세요!"라고 대답하고 도망친다.

장담하는데, 정말로 곤란한 사람은 어린이가 아니라 어른에게 도움을 요청합니다. 고양이를 잃어버렸다면, 구청에 신고하거나 동물 보호소에 먼저 연락하겠죠.

지금 있는 곳을 벗어나 다른 곳으로 데려가려는 사람은 전부 수상한 사람이라고 생각해도 돼요! 고민할 것 없이 단호하게 거절하고 얼른 도망칩니다.

이러면 안 돼! NG

① 곤란해 보이니까 따라간다.

선생님이나 가족에게 "곤란에 처한 사람을 친절하게 대해야 한다."라는 말을 들었을지도 몰라요. 하지만 진짜 곤란한 사람은 어린이에게 부탁하지 않아요. 친절을 베풀려고 따라갔다가 유괴될 수 있습니다!

② 고양이 사진을 스마트폰에 전송해 달라고 하고 각자 찾는다.

모르는 사람에게 개인 정보를 주면 절대 안 돼요! 나중에 연락해 여러분을 불러낼지도 몰라요. 또, 상대방의 스마트폰을 들여다보려고 다가간 순간 붙잡힐 수도 있습니다.

누가 말을 걸면 거리를 두자!

어른이 마음먹고 팔을 붙잡으면 어린이는 뿌리칠 수 없어요. 누가 말을 걸면, 비상시에 곧바로 도망칠 수 있도록 안전 거리를 둡니다. 어른과 자신이 팔을 쭉 뻗어도 닿지 않을 거리여야 해요. 가족과 함께 연습해 봐요.

제4장

이건 전부 거짓말!
나쁜 어른이 흔히 하는 말

'유괴 사건'이라고 하면 누군가 억지로 끌고 가는 상황이 떠오를 수 있어요. 하지만 사실 이런 말에 속아 어린이 스스로 쫓아가는 경우가 많아요.

누가 봐도 수상한 범죄자는 드물어요.
범죄자는 대부분 '평범한' 사람입니다.

선생님의 부탁을 받았으니 같이 가자꾸나.

네 엄마가 사고를 당했어! 같이 병원에 가자!

○○를 해 주면 돈을 줄게.

학교까지 가는 길을 알려 줄래?

내가 ○○ 사 줄게.

새로 나온 게임 테스트 좀 해 줄래?

범죄 위험

그런 건 전부 어른한테 말하세요!

이 근처에 화장실 없니?

사진 모델이 되어 줄래?

연예인 ○○ 알지? 내 친구니까 만나게 해 줄게.

이런 차를 보면 도망치자!

자동차는 달리는 밀실이에요. 비명을 질러도 밖에 들리지 않아요. "비가 오니까 집까지 데려다줄게."라는 말을 믿고 차에 다가갔다가 또는 지나가는데 무작정 차 안에 태워서 유괴 사건이 일어나요! 앞으로 이런 차를 보면, 가까이 지나가지 말고 반대 방향으로 도망칩시다.

- 천천히 접근해 온다.
- 같은 길을 빙글빙글 돈다.
- 시동을 켠 채로 멈춰 있다.
- 유리창이 까매서 안쪽이 보이지 않는다.

제4장

우리 근처의 '위험한 곳'

수상한 사람이 활동하는 곳에는
'어떤 특징'이 있습니다.
얼핏 보면 그다지
위험해 보이지 않아도,
사실 이 특징에 해당하는
곳일 수 있어요.
어때요, 함께 맞혀 볼까요?

① 쇼핑몰
④ 주차장
⑧ 다리 아래

문제 Q

①~⑪ 중에 위험한 곳은 어디일까?

제**4**장

정답

전부 다 위험하다!

수상한 사람이 나타나는 곳의 특징은 '누구나 갈 수 있으면서 다른 사람에게 잘 보이지 않는 곳'이라는 겁니다.
수상한 사람은 주로 누구든 쉽게 갈 수 있는 곳에서 목표물을 찾고, 인적이 드문 곳에서 덮쳐요.
따라서 길거리 어디에나 위험이 도사리고 있답니다.

'혼자'라 위험하다

⑩ 가드레일 없는 길   ⑪ 사람이 많이 다니지 않는 길

가드레일이 없으면 수상한 사람이 어린이를 차에 강제로 태우기 쉽죠. 귀갓길에 어쩔 수 없이 혼자가 되면 멀리 돌아가더라도 사람이 많이 다니는 길과 가드레일이 있는 길을 선택합니다.

'사각'이라 위험하다

③ 나무가 울창한 절이나 공원

⑤ 높은 담벼락이나 나무에 에워싸인 길

④ 주차장

⑧ 다리 아래

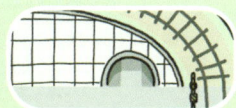
⑦ 터널

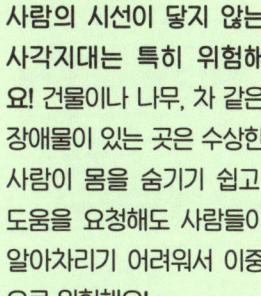

사람의 시선이 닿지 않는 사각지대는 특히 위험해요! 건물이나 나무, 차 같은 장애물이 있는 곳은 수상한 사람이 몸을 숨기기 쉽고, 도움을 요청해도 사람들이 알아차리기 어려워서 이중으로 위험해요!

'인파'가 위험하다

① 쇼핑몰

⑨ 공사 현장

② 번화가

⑥ 기찻길 옆

의외일 수 있는데, 사람이 많다고 무작정 안전하지는 않습니다. 사람이 몰리면 미아가 되기 쉽고, 수상한 사람이 데리고 가도 알아차리기 어렵거든요.
또 시끄러운 곳은 도와 달라고 외쳐도 목소리가 잘 들리지 않아서 위험해요.

공중화장실의 위험!

공중화장실을 쓸 때는 입구와 가장 가까운 칸을 쓴다.

안타깝게도 공원이나 쇼핑몰처럼 사람들이 쉽게 오가는 장소의 공중화장실에서 어린이를 노리는 나쁜 사람도 있어요. 그러니 공중화장실에 갈 때는 친구나 가족과 같이 가야 해요.

엘리베이터의 위험!

엘리베이터는 모르는 사람과 함께 타지 않는다.

① 혼자일 때는 무슨 일이 생겨도 바로 도망칠 수 있도록 버튼 가까이에서 벽을 등지고 선다.

엘리베이터는 밀실이죠. 도와 달라고 외쳐도 밖까지 소리가 들리지 않아요. 여러분이 사는 아파트라도 모르는 사람과는 같이 타지 말고, 다음 엘리베이터를 기다렸다가 타요.

그렇다고 엘리베이터 대신 계단을 이용하지는 말아요. 계단은 사람이 잘 지나지 않고 나쁜 일을 쉽게 저지를 수 있는 곳이어서 위험합니다.

2 나중에 사람이 탔는데 무섭다면 가까운 층의 버튼을 몇 개 누르고 제일 먼저 서는 층에 내린다.

3 만약 누가 몸을 건드리거나 쫓아오면 "수상한 사람이야! 도와주세요!" 라고 외치며 휴대용 경보기를 누르거나, 가까운 집의 초인종을 눌러 도움을 청한다. 모르는 사람이 절대 집에 들어오지 못하게 할 것!

제4장

어라! 집에 혼자 있는데 누가 왔네?

혼자 집을 보는데 딩동, 초인종 소리가 나네요.
누가 온다는 말은 못 들었는데, 기다리던 게임 택배일 수도?
현관문을 열어도 괜찮을까요?

정답 ①

혼자 집에 있을 때는 누가 와도 무시한다.

택배원이나 가스 점검원인 척하고는 문을 열어 주는 순간, 집에 들이닥치는 강도가 많아졌어요. 그러니 가족이나 친구와 미리 약속했을 때가 아니면 누가 와도 무시해요. 혼자 집을 볼 때는 문단속을 철저하게 할 것!

범죄 위험

이러면 안 돼!
NG

2. 택배원이라면 나간다.

진짜 택배원이어도 위험은 도사립니다. 실제로 택배원이 집에 어린이만 있는 것을 안 순간 덮쳤던 성범죄 사건이 있었어요.

3. "지금은 어른이 안 계세요."라고 말한다.

문이 잠겨 있어도 어른이 없는 것을 알리면 위험해요. 강도가 창문을 깨고 들어올 수도 있어요.

집에 아무도 없어도 "다녀왔습니다."라고 인사한다!

혼자 집에 올 때는 주변에 아무도 없는지 확인한 뒤에 문을 열어요. 그리고 집에 아무도 없더라도 "다녀왔습니다."라고 인사합니다. 어린이를 노리는 수상한 사람은 어른을 무서워하므로 집에 어른이 있는 것 같으면 공격하지 않아요.

누군가 뒤를 쫓아와서 무서울 때는 학교나 친구 집처럼 안전한 곳으로 도망치고 가족에게 데리러 와 달라고 부탁합니다. 또 열쇠를 가방이나 목에 걸고 있으면 집에 아무도 없다는 사실을 들킬 위험이 있으니 집 열쇠는 남들이 보지 못하는 곳에 숨겨 둡니다.

다녀왔습니다!

수상한 사람의 위험!

수상한 사람이 붙잡으려고 하면 '찍고, 달리기'로 도망친다.

수상한 사람에게서 벗어나는 '찍고 달리기'

바닥을 찍고….

① 몸을 굽혀 손으로 바닥을 찍는다.

몸을 굽혀서 상대의 팔이 헛돌게 한다.

수상한 사람을 만나면 도망치는 것이 최선입니다. 만약 수상해 보이는 사람이 다가오면 망설이지 말고 휴대용 경보기를 누르거나 크게 소리를 지르세요. 그런데도 상대가 팔을 뻗어 붙잡으려고 하면, 붙잡히기 전에 '찍고 달리기'로 도망칩니다.

범죄 위험

② 바닥을 짚은 순간, 재빨리 수상한 사람과 반대 방향으로 몸을 돌린다.

③ 있는 힘껏 달려서 도망친다!
위험한 상황이 닥쳤을 때 행동에 옮길 수 있게 가족과 연습하자.

걸으면서 스마트폰을 보거나 음악을 듣는 등 다른 데 정신이 팔려 있으면 수상한 사람이 다가와도 알아차리기 어려워요. 절대 그러지 말기!

스마트폰과 경보기를 적극 활용하자!

요즘에는 스마트폰으로 긴급 전화와 경찰에 간단히 신고할 수 있는 SOS 기능을 쓸 수 있어요. 사용 방법을 미리 알아 둡시다. 자기 위치를 가족에게 실시간으로 알리는 GPS 앱을 깔아 두어도 좋아요.
스마트폰이 없거나 이중으로 조심하고 싶을 때는 휴대용 경보기를 마련해 지니고 다니면 좋습니다. 미리 사용법을 익혀 두도록 해요.

제4장

무서워…
이럴 때는 어쩌지?

수상한 사람이 난동을 부린다!

수상한 사람이 칼 같은 위험한 흉기를 들고 난동을 부리면, 당장 그 자리를 떠나 문을 잠글 수 있는 방이나 화장실 칸으로 도망칩니다. 없다면 가까운 가게에라도 도움을 청해요.

'무슨 일이지? 왜 저래?' 궁금하다고 난동을 부리는 사람을 구경하다가 눈을 마주쳐서 표적이 될 수 있어요. 돌아보지 말고 도망쳐야 해요.

범죄자에게 붙잡혔다!

'붙잡히기 전에는 소란을 피우고, 붙잡힌 뒤에는 얌전히 있기'가 철칙이에요. 시끄럽게 굴었다는 이유로 사람을 해치는 경우도 있습니다. 범인이 가게에 들렀을 때 점원에게 "유괴 당했어요! 도와주세요!" 하고 도움을 청해요. 이런 식으로 틈을 노려 다른 어른에게 알리는 것이 최선이에요.

피해자가 되었더라도 여러분 잘못이 아니다

범죄 피해를 당했을 때 내가 방심해서 그렇다고 자책하거나, 가족에게 알리기 두려워 말하지 못하는 경우가 있어요.
하지만, **나쁜 것은 범인입니다!** 여러분은 아무 잘못도 없어요. 만약 피해를 겪었다면, 가족이나 선생님처럼 믿을 수 있는 어른에게 무슨 일이 있었는지 솔직하게 말합니다.
이야기를 들은 어른이 경찰에 신고를 하면 범인을 잡거나 필요한 조치를 취할 거예요. 여러분이 다시 안전하게 지낼 수 있도록요.

어쩌지? 범죄를 목격했다면

제**4**장

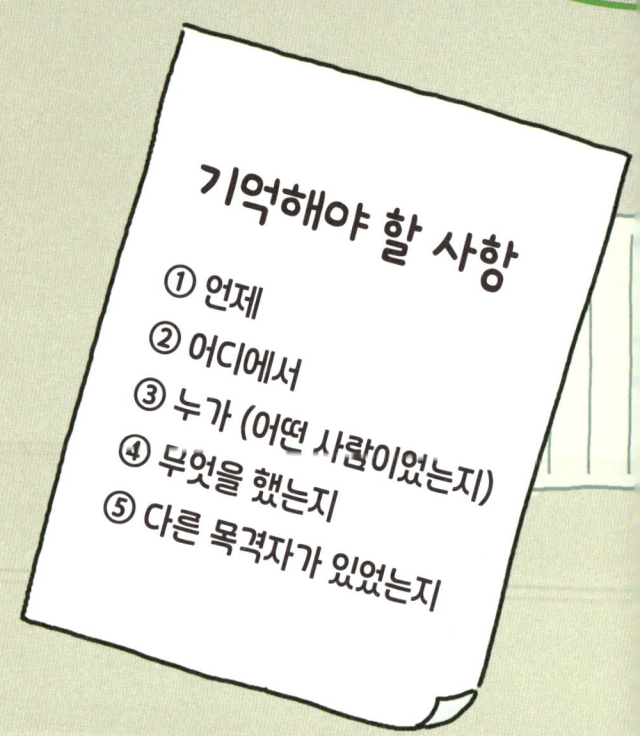

기억해야 할 사항
① 언제
② 어디에서
③ 누가 (어떤 사람이었는지)
④ 무엇을 했는지
⑤ 다른 목격자가 있었는지

범죄 행위를 목격했다면 경찰서에 가야죠. 가까운 곳에 경찰서가 없거나, 긴급한 순간에는 112에 전화 신고를 해도 좋습니다.
'물건을 훔친 건 별로 큰 범죄가 아니지 않나?', '알몸을 보여 주긴 했지만 날 만지지는 않았는데…' 이런 고민은 할 필요 없어요.
경찰서는 원래 열쇠나 지갑을 잃어버렸거나, 버스에서 내릴 역을 지나쳤거나, 길을 잃었을 때처럼 '조금 곤란할 때'도 도움을 청할 수 있는 곳이에요.
사람은 놀라거나 두려우면 기억이 흐릿해져요. 만약 범죄를 목격했다면 위에 정리한 다섯 가지 사항을 메모해 둡니다.

범죄 위험

① 조금 전에
② 저기 공원에서
③ 빨간 옷을 입은 아저씨가
④ 엉덩이를 내밀고 있었어요.
⑤ 제 친구도 봤어요!

대중교통에서 치한을 만나거나 불법 촬영을 당했다면

지하철이나 버스에서 이런 일이 생기면 용기를 내서 "치한이야! 도와주세요!" 하고 그 자리에서 바로 소리치는 것이 제일 좋아요. 근처에 있는 제대로 된 어른이 도와줄 테니까요.

만약 주변 사람에게 말하기 어렵다면 112에 전화해서 "지금 누가 날 만져요!"라고 경찰에 도움을 청하거나(문자도 가능) 휴대용 경보기가 있다면 울리세요. 지하철에서 내린 경우, 역무원에게 피해 사실을 말합니다. 그 자리에서 범인을 잡지 못해도 탔던 지하철 칸의 정보나 CCTV 영상 등으로 범인을 찾아낼 수 있어요.

편하게 말해 보렴.

Check!

착각일까?

아는 사람이 불쾌한 행동을 한다

폭행이나 성범죄 가해자는 사실 '모르는 사람'보다 가족이나 선생님, 친구, 이웃 주민 등 '아는 사람'일 때가 더 많아요. 다정하게 굴어서 '이건 평범한 일이구나.'라고 생각하도록 몰아가는 가해자도 많아요. 피해자가 범죄를 당하고 있다고 깨닫지 못하도록 하는 게 정말 무서운 점이죠.
"다른 사람한테 말하면 안 된다.", "너를 위해서 비밀로 해야 해." 이런 소리로 피해자의 입을 막으려는 가해자도 있는데, 다른 사람에게 말할 수 없는 짓을 하는 사람은 아무리 좋은 말을 해도 절대 여러분을 아끼는 게 아닙니다.
범죄를 그대로 두면, 맛을 들인 상대가 계속해서 여러분에게 손댈 거예요.

불쾌한 일을 당했을 때 상담할 수 있는 곳

만약 주변에 믿을 수 있는 어른이 없다면, 전문 기관에 상담하는 방법이 있어요. 여러분을 지켜 줄 어른은 반드시 있습니다. 용기를 내서 세상 무엇보다 소중한 여러분 자신을 지킵시다.

괴로워서 누군가에게 이야기하고 싶을 때

- **청소년상담1388에 전화한다.**

  다급한 위기 해결부터 심리 상담까지, 도움과 상담이 필요한 어린이와 청소년 누구든지 언제 어디서나 무료로 이용할 수 있는 전화 상담 서비스.

  유선 전화: 1388만 누른다
  휴대 전화: 지역 번호 + 1388을 누른다.

  전화가 불편할 땐 문자, 카카오톡, 페이스북, 인스타그램, 라인 앱으로도 상담할 수 있다.
  홈페이지 링크: 1388.go.kr

신체적으로 폭력을 당했을 때

- **누가 몸을 만지거나 억지로 성적인 행위를 했을 때는 경찰에 신고한다.**

  긴급 상황일 때는 112로 전화를 건다.

- **성범죄 피해를 상담하고 싶을 때는 여성긴급전화 1366에 전화한다.**

  가정 폭력, 성폭력, 디지털 성범죄, 성희롱 등으로 긴급한 구조와 보호, 상담이 필요하면 언제든 전화로 상담을 받을 수 있다.

  유선 전화: 1366만 누른다.
  휴대 전화: 지역 번호 + 1366을 누른다.

정부에서 운영하는 상담 기관을 찾고 싶을 때

오른쪽 QR 코드에 접속하면 여성가족부에서 운영하는 여성, 아동, 청소년 시설을 지역별로 찾아볼 수 있다.

제4장

성범죄의 위험

몸의 사적인 부위는 만지지 못하게 한다.

여러분의 몸은 여러분 것이에요. 다른 사람이 함부로 만져선 안 됩니다. 그러니 몸의 사적인 부위를 만지거나 보려는 사람은 여러분을 다치게 하려는 위험한 존재이죠. '기분 탓인가?', '내가 너무 예민한가?'라고 생각하지 말고 반드시 도망쳐요!

사적인 부위란?

입, 가슴, 성기와 엉덩이(남자아이도 여자아이도 팬티를 입어서 가리는 부위)예요. 여러분만의 아주 개인적인 부분이라는 뜻이에요. 신체에서도 몸 안쪽과 연결되는 섬세한 기관이죠. 생명, 임신, 출산과 관련되는 부분이기에 다른 사람이 마음대로 만지거나 보게 하면 안 돼요.

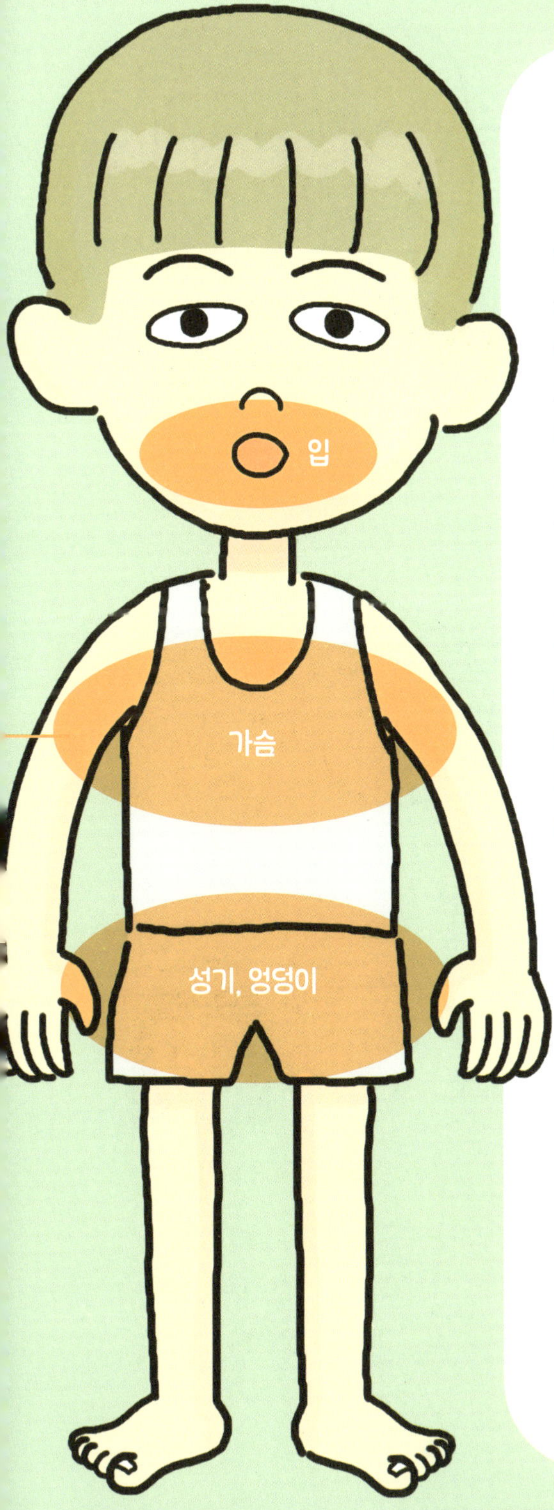

범죄 위험

동의 없는 성행위는 성범죄

입을 맞추거나 사적인 부위를 만지는 것을 '성행위'라고 하고, '성행위를 해도 괜찮다'고 상대방에게 밝히는 것을 '동의'라고 해요. 여러분의 동의 없이 이루어진 성행위는 모두 성범죄입니다.

단, 만 13세 미만의 어린이와의 성행위는 동의가 있어도 범죄입니다. 또, 성인이 만 16세 미만의 미성년자와 성행위를 했다면 동의가 있더라도 범죄에 해당합니다.

몸을 건드리지 않는 성범죄도 있어요. 동의 없이 여러분의 사적인 부위를 보는 것, 사진이나 영상을 찍는 것, 성적인 사진이나 영상을 보게 하는 것도 성범죄입니다.

동의한 적 없어요!

전부 거짓말! 여러분을 속이는 '흔한 말'

부모, 형제자매

나쁜 짓을 저지르는 어른은 온갖 방법으로 여러분이 다른 사람에게 그 일을 말하지 못하도록 막아요. 그런데 나쁜 짓을 들켰을 때 곤란해지는 쪽은 여러분이 아닙니다. 피해자가 잘못한 건 결코 없어요. 잘못은 100퍼센트 가해자에게 있습니다.

교사

친구, 이웃

제4장

제4장

조심할 것!
'나도 모르게' 성범죄를 저지르지 않으려면

세상에는 사람을 설레게 하는 '만들어 낸 이야기'가 있어요. 사귀지도 않는데 갑자기 키스하기, 끌어안기, 손목 낚아채기처럼 만화나 드라마에서 '두근두근 가슴 설레는 일'로 그려지는 행동이 현실에서는 '성범죄'가 될 수 있어요.

범죄 위험

성인 만화나 성인 영상에도 '처음에는 싫어하던 상대가 점점 좋아한다'는 식의 장면이 나오는데, 이건 보는 사람이 죄책감을 느끼지 않도록 '상대도 기뻐하는 설정'을 넣은 '만들어 낸 이야기'입니다. 그런데 안타깝게도 성범죄자 중에는 '만들어 낸 이야기'를 현실이라고 믿고, 체포되어서도 "걔도 좋아할 줄 알았어요."라고 주장하는 사람이 아주 많아요.

현실에 존재하는 사람은 여러분과 마찬가지로 쉽게 상처 받는 인간이지 욕망을 채우는 도구가 아닙니다. 좋아하지도 않는 사람이 만지는 것은 두려울 뿐이에요. 무서운 일을 겪고 마음에 큰 상처가 남아 외출도 못 하고 잠도 못 자는 사람도 있어요.

만약 좋아하는 사람과 사귀게 되더라도 억지로 키스하거나 싫다는데 만지는 것은 상대방에게 상처를 주는 성범죄입니다. 여러분의 몸이 여러분 것이듯 상대의 몸은 그 사람의 것이에요. 반드시 괜찮다는 동의를 얻고, 상대의 감정을 확인해야 합니다.

제4장

어쩌지? 친구가 범죄를 저지르자고 한다.

이 자전거 우리가 슬쩍하자.

매일 같이 어울리는 친구가 범죄를 저지르자고 합니다. 무서워서 거절하고 싶은데… 그랬다가 따돌림을 당할까 두려워요. 어쩌죠?

제4장

정답 ❷
친구가 범죄를 저지르자고 하면 단호하게 싫다고 한다.

자전거를 훔치거나 무리 지어 누군가를 폭행하는 건 또래 사이에서 쉽게 부추기는 범죄예요. 친구들에게 "너 진짜 재미없다."라는 말을 듣기 싫어 한 번이라도 동조하면 끝장입니다. 주변에 알린다는 협박을 당해서 나쁜 일에 손을 대고, 소년원에 들어가 가족에게 버림받고, 다시 범죄를 저지르고…. 이런 악순환 끝에 나쁜 길에 빠져들어 밑바닥까지 떨어질 수 있어요.

그러니 범죄는 반드시 단호하게 거절해야 합니다.

만약 범죄를 저질렀다면 경찰서에 가서 솔직하게 자수하고 나쁜 친구들과 관계를 끊어야 해요. 자수하면 죄도 가벼워지고, 두 번 다시 범죄를 저지르지 않도록 상담을 받을 수 있어요.

범죄 위험

이러면 안 돼!

NG

1 이번 한 번만 같이 한다.

단 한 번의 경범죄로 시작해 점점 무거운 범죄에 물들게 돼요. 한 번이면 괜찮다고 생각하지 말 것.

3 다른 친구도 끌어들인다.

다른 친구를 끌어들여도 여러분의 죄가 가벼워지지 않아요. 범죄자만 늘어날 뿐이죠.

소년원에 들어가면 어떻게 될까?

범죄를 저지르면 경찰에 붙잡혀 소년원에 들어갈 수 있어요. 소년원은 다시 범죄를 저지르지 않도록 '교정 교육'을 하는 시설로 만 10세부터 들어갑니다.

소년원 안에는 교실과 체육관, 운동장이 있습니다. 공부하고 자격증을 딸 수도 있어요. 꼭 학교 같지만, 알고 보면 어른이 들어가는 교도소보다 규칙이 엄격하고, 교육 목적에 따라 24시간 규칙을 지키며 지내야 합니다. 규칙을 어기면 벌을 받을 수도 있어요.

제4장

조심해!
불법 아르바이트에 지원하면 어떻게 될까?

이 세상에는 위험한 '불법 아르바이트'가 있습니다.

이름만 아르바이트이지 사실 '범죄'예요.

SNS*에서 '편하게 돈 벌기', '고수입', '당일 목돈 입금' 같은 달콤한 말에 속아 지원했다가는 위험할 수 있어요. '이사 작업'이라고 해 놓고 모르는 사람과 어떤 노인의 집에 강도 침입하는 일을 시킨 사건도 있습니다.

불법 아르바이트는 범죄 조직의 장기짝, 즉 한 번 쓰고 버릴 패로 이용되는 거예요. 돈도 받지 못하고 금방 경찰에 붙잡힙니다.

* SNS(소셜 네트워크 서비스)란, 유튜브나 X(구 트위터), 인스타그램, 틱톡 같은 온라인에서 다른 사람과 교류하는 서비스다. 카카오톡이나 라인, DM 대화, 온라인 게임 채팅 등도 포함된다.

범죄 위험

범죄자는 거짓말을 밥 먹듯이 한다. 아무 근거도 없는 이런 거짓말을 믿으면, 상대는 교묘하게 여러분의 이름과 주소, 다니는 학교에 가족 정보까지 털어 내 개인 정보를 움켜쥔다. 그러면 위험을 알아차리고 발을 빼려 해도 "너네 집 찾아간다?"라고 협박 당해 도망치기 어렵다.

범죄에 휘말렸다면

우선 용기를 내 가족에게 솔직하게 밝혀야 해요. 긴급 상황이라면 112에 신고하세요. 범죄를 저지르자는 제안을 받아 곤란하다든지 상담이 필요하면 청소년사이버상담센터에 온라인으로 상담하거나, 1388로 전화를 걸어 도움을 받을 수 있어요. (185쪽 참고)

제 5 장

일상의

인생을 살다 보면 일이
잘 안 풀릴 때도 있어요.
그럴 때 '다 틀렸어!',
'죽어 버릴래!'라는
생각이 들 수도 있어요.

생 존

위험에서

그런데 의외로 우리 인생은
어떻게든 풀립니다.
잘 살아가기 위해서
다양한 위험에 대한
대처법을 알아 봅시다.

하라!

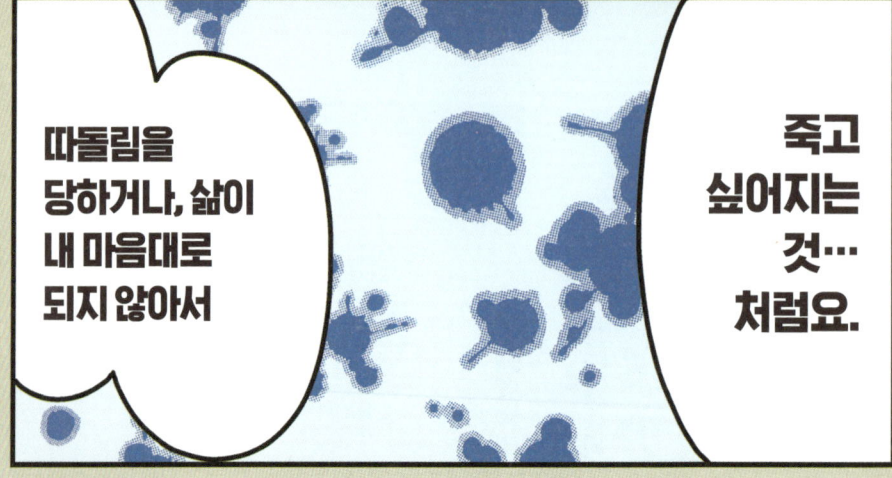

수업 도중에 갑자기
배가 사르르 아파 와요.
이건… '급똥'의 예감…. 그러나
손을 들고 "화장실 가고 싶어요."라고
하기는 부끄러워요.
쉬는 시간까지만 참아야지 했는데,
앗! 엉덩이에 미지근하고 푹신한 감촉이….
네, 똥을 찔끔 누고 말았어요.
친구들은 아직 모릅니다.

문제

Q 이럴 때는 어쩌지?

①
"UFO다!"
큰 소리로
관심을 돌리고
도망친다.

②
수업이
끝나기를
그저
기다린다.

③
"보건실에 다녀
오겠습니다."라고
말하고 교실에서
나간다.

제 5장

정답 ③

교실에서 똥을 쌌다면 "보건실에 다녀오겠습니다." 라고 말하고 교실에서 나간다.

"잠깐 보건실 좀 다녀 올게요."

슬금슬금…

누구나 실수로 똥을 눌 수 있어요. 태어나서 노인이 될 때까지 한 번도 똥 실수를 한 적 없는 사람은 아마 세상에 없을 걸요? 어른도 술을 마셨거나, 몸 상태가 안 좋을 때 똥을 지리는 실수를 해요. 그래도 남에게 들키고 싶진 않죠? 그럼 아무렇지 않은 표정으로 자리에서 일어나 선생님에게 보건실에 다녀온다고 말하고 나가면 돼요. 만약 선생님이 따라

이러면 안 돼! NG

① "UFO다!" 큰 소리로 관심을 돌리고 도망친다.

꽤 괜찮은 방법 같지만, 먹히지 않으면 오히려 주목을 받을 위험이 커요.

② 수업이 끝나기를 그저 기다린다.

기다리는 동안 교실에 악취가 퍼져 들킬 확률이 더 높아져요. 굳이 이 방법을 선택했다면 "그래, 똥 쌌는데 뭐 문제 있어?" 하고 당당하게 구는 것도 좋아요.

나오면 조용히 "애들한텐 말하지 마세요, 저 바지에 똥을 쌌어요."라고 말하고, 보건실에서 팬티를 빌리면 됩니다.

외출 중에 위기 상황일 때

밖에서 화장실에 가고 싶을 때는 가까운 공중화장실이나 지하철역, 경찰서, 주민 센터 등의 개방 화장실을 이용해요.

지하철이나 버스에서 몸이 안 좋으면 무리하지 말고 내려서 화장실에 가서 토합니다. 아직 내리지 못했는데 참을 수 없다면 "토할 것 같은데 비닐봉지 있어요?"라고 운전기사나 주변 사람에게 물어 도움을 받아요.

방귀의 위험

학교에서 방귀가 나오면 개그 소재로 삼자.

방귀는 똥과 달리 눈에 보이지 않죠. 그냥 없던 일로 하고 싶은 마음, 이해합니다. 그러나 소리가 나지 않도록 아무리 조심해서 뀌어도 냄새는 감출 수 없기 때문에 대부분 들키고 말아요. 그러면 범인 찾기가 시작될 테고, 그 자리의 분위기는 물론이고 공기도 나빠지죠.

그런 일이 생기느니 처음부터 "나 방귀 뀐다!" 하고 발랄하게 선언하는 편이 훨

씬 낫습니다. 발사까지 여유가 있으면 "지금 방귀 나온다! 3, 2, 1!" 카운트다운을 하다가 뿡! 큰 소리를 내며 뀌어 보세요. 친구들 웃음보도 터지고 부끄러울 일도 없으니 훨씬 좋죠.

이러면 안 돼!
NG

다른 사람이 몰래 뀐 방귀를 비웃는다.

방귀는 스스로 조절할 수 없는 생리 현상이니 부끄러운 일이 아닙니다. 자기 방귀를 개그 소재로 쓰는 건 괜찮은데, 다른 사람이 몰래 뀐 방귀를 비웃으면 안 돼요.

대충격! 좋아하는 애한테 차였다….

좋아하는 친구에게 용기 내 고백했는데, 보기 좋게 차여 버렸다!
이 친구를 생각하며 보낸 시간, 마음에 들려고 노력했던 행동,
전부 의미 없던 일 같아 슬프고, 열 받고, 부끄럽다….
이런 마음을 어떻게 하면 좋을까?

일상생활

앗, 미안해.

쿠~웅

Q 이럴 때는 어쩌지?

① 깔끔하게 포기한다.

② 여러 번 도전한다.

포기하지 않겠어!

③ SNS에 지금 심정을 적어 올린다.

민재
괴롭다…. ○○아, 왜 내 마음을 몰라주니.

정답 ① 좋아하는 애한테 차였다면 깔끔하게 포기한다.

"앞으로도 친구로 잘 부탁해."

괴롭고 슬프겠지만, 이번 사랑은 포기하고 다음 사랑을 찾아요. 차이고 나면 '내가 조금 더 잘생겼다면…', '내가 인기가 더 많았다면…' 자책하게 되는데, 주변의 커플을 한번 보세요. 모두 외모가 뛰어나고 인기가 있는 건 아니죠?

사랑이 이루어지는 건 결국 서로 얼마나 잘 맞느냐에 달렸어요. 자신이나 상대에게 어떤 문제가 있어서 안 되는 게

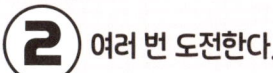

이러면 안 돼! NG

② 여러 번 도전한다.

무서워…

차여도 포기하지 않고 계속 접근하는 건 '스토커'예요. 만약 사귀게 되더라도 상대가 '하도 매달려서 사귀어 주는 존재'로 여겨 괴로운 상하 관계가 될 수 있어요.

③ SNS에 지금 심정을 적어 올린다.

다른 사람과 있었던 일을 SNS에 적는 건 매너에 어긋나요. 올린 내용에 따라 사생활 침해로 신고를 당할 수도 있어요. 그 고민을 보고 '나한테 말해 볼래?'라며 손을 내미는 범죄자가 나타날 위험도 있죠!

아니에요. 누군가를 좋아하는 과정을 몇 번 겪다 보면 분명 잘 맞는 사람과 만나게 될 거예요.
만약 차인 후 고백한 상대가 여러분을 마구 놀린다면 '저런 아이랑 사귀지 않아서 다행이다.'라고 생각하고 멀어지면 돼요.

좋아하는 사람을 친구에게 들켰다

"안 좋아하거든!" 이렇게 부정하면 오히려 더 놀릴지도 몰라요. 솔직하게 "들키기 싫었어. 좋아하는 내 마음을 소중히 하고 싶었거든."이라고 털어놓는 편이 '놀리는 녀석이 못된 녀석'이라는 분위기를 만들 거예요.

응, 좋아하는데?

돈의 위험

친구가 "돈 좀 빌려줘." 라고 하면 단호하게 거절한다.

친구 사이에 돈 문제가 생기면 우정이 망가져요.

돈은 쓰면 사라지죠. 빌려준 쪽은 기억하더라도 빌린 쪽은 금방 잊어버려요. 게다가 "돈 갚아."라고 했는데 "치사하긴. 금방 갚는다니까." 하고 오히려 화를 내면 이상하게 빌려준 쪽이 달라고 하기 어려워집니다.

친구에게 싫은 소리를 했다가 미움받지는 않을까 하는 마음에 속앓이를 하

고 관계가 멀어질 수 있어요. 그러니 빌려 달라는 부탁을 듣더라도 우정을 위해 단호하게 거절해도 괜찮아요.

게임이나 책처럼 돈이 아닌 것을 빌려준다면?

본인 앞에서 빌려준 날짜와 돌려받기로 약속한 날짜를 공책에 적어 놓아요. 이렇게 적어 놓으면 상대방도 '꼭 돌려줘야겠다.'라고 생각하게 되고, 만약 깜박하더라도 공책을 보여 주면 되니까요.

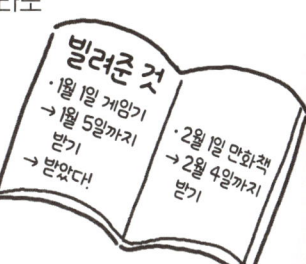

제 5종

꺅! 어른한테
"너랑 진지하게 사귀고 싶어."
라고 들었어.

그윽

일상생활

> 너는 특별해. 정말 좋아한단다. 나와 사귀자.

어느 날, 학원 선생님이 불러서 갔다가 고백을 받았어요. 젊고 인기도 많은 선생님이어서 싫지 않은데, 사귀면 어떻게 되는 걸까요? 나이 많은 사람과 사귀어도 괜찮을까요?

두근 ♥

Q 이럴 때는 어쩌지?

① 진지하다면 사귄다.

② 부모님을 설득할 수 있다면 사귄다.

③ 부모님에게 말한다.

정답 ③

어른이 사귀자고 하면 부모님에게 말한다.

어린이와 사귀려는 어른은 같은 어른과 어울리지 못하는 한심한 사람이에요.

그런 사람은 여러분을 좋아하는 것이 아니라 '누구든 좋으니 내가 휘두를 수 있는 어린이'를 속여 성적인 짓을 하려는 거예요. 나이와 힘에 큰 차이가 있어서 자기 맘대로 하기 쉽거든요.

참고로 어른이 16세 미만 어린이, 청소

흐아아아아

이러면 안 돼! NG

1 진지하다면 사귄다.

'진지하게 사귀는 것'은 동등한 위치에서 서로를 소중히 여기는 거에요. 관계에서 힘이 더 센 어른과 목소리를 내기 어려운 어린이는 전혀 동등하지 않아요. 어린이와 사귀며 알몸 사진이나 동영상을 팔아 돈을 버는 파렴치한 범죄자도 있습니다.

2 부모님을 설득할 수 있다면 사귄다.

어린 자녀와 사귀겠다는 어른을 가만두고 볼 부모님은 없습니다. 상대가 집요하게 요구하면 "그렇게 진심이라면 우리 부모님을 만나러 오세요."라고 말해 봐요. 어지간한 상대는 겁먹고 도망칩니다.

년에게 성행위를 하는 것은 어떤 상황에서든 범죄입니다.* 사귀는 사이여도 범죄예요. 곧바로 부모님이나 믿을 수 있는 어른에게 말해 그 사람이 더는 접근하지 못하도록 합니다.

그루밍 성범죄가 뭘까?

'그루밍'은 길들인다는 뜻이에요. 그루밍 성범죄란 다정한 말이나 친분을 활용해 심리적으로 상대방을 길들인 뒤 저지르는 성범죄를 말해요. 성적인 목적을 위해 "참 귀엽구나.", "넌 특별해.", "나한테 기대도 돼." 같은 다정한 말을 하면서 환심을 얻으려고 하죠. 이런 말로 다가오는 어른이 있다면 의심하고 도망쳐야 해요. 학교 선생님이든, 학원 선생님이든, 운동 코치든, 목사님이든 상관없어요. 그리고 믿을 수 있는 어른에게 꼭 상담합시다.

* 13세 미만 어린이에게는 성인이든 성인이 아니든 성행위를 하는 것이 범죄다.

고민이야!
또래끼리 사귀면 성행위를 해도 될까?

성적으로 호기심이 생기는 것은 자연스러운 현상이에요.
그러나 사귀는 사이더라도 성행위를 하기 전, 상대와 자신이 '생명'을 책임질 수 있는지 잘 생각해 봐야 합니다.
사적인 부위(186쪽 참고)를 다른 사람에게 맡기는 것은 '생명'을 맡기는 것과 같아요. 어린이의 몸은 아직 성장하는 과정에 있죠. 미숙한 몸으로 성행위를 하면, 성기가 상하거나 바이러스가 틈타는 등 몸이 망가져요. 임신할 가능성도 있죠. 그런 일이 생겼을 때 책임질 수 있는지, 아기가 생기면 키울 수 있는지, 사귀는 상대와 대화를 충분히 나눠야 해요.

몸이 목적인 사람과는 헤어져도 된다

여러분의 몸을 노리는 사람과 가벼운 마음으로 성행위를 하면, 몸도 마음도 큰 상처를 받아요.
그런 사람은 병에 걸리거나 임신해도 책임지지 않고 도망칩니다. 연인이 몸을 노리는 사람인지는 사귀자마자 스킨십을 요구하는지를 보고 알아차릴 수 있어요. 금방 손이나 머리카락을 만지거나, 어깨를 안고, 단둘이 있으려고 하고, 키스를 조르는 사람은 몸을 노릴 가능성이 높아요. 연인 사이라면 거절하는 용기도 중요해요. "나랑 안 할 거면 헤어지자.", "좋아하는 사이면 이 정도는 원래 하잖아."라고 연인을 협박하는 사람은 여러분을 아끼지 않는 거예요.

SNS의 위험 ①

SNS에 개인 정보를 올리지 않는다.

매년 SNS로 인한 범죄 피해가 늘어나고 있어요. SNS로 어린이에게 접근해 유괴하거나 SNS에 올린 정보를 통해 자주 가는 곳과 시간을 알아내 범죄를 저지르는 거예요.

이런 피해를 막으려면 '개인 정보'를 SNS에 올리지 말아야 해요. 개인 정보란 그 사람이 어디 사는 누구인지 다른 사람이 알아낼 수 있는 정보입니다.

일상생활

독특한 빌딩으로 주소를 알 수 있다.

이 시간에 사람이 별로 없는 걸 알 수 있다.

스마트폰으로 촬영한 사진에는 위치 정보가 들어가기도 한다.

기둥에 주소가 적혀 있다.

가드레일이나 맨홀의 모양으로 지역을 알 수 있다.

주소를 들키면 지도 앱으로 집을 찾아서 얼마나 부자인지도 알아낼 수 있어요. 이런 방법으로 도둑이 든 적도 있답니다.

이 모든 게 개인 정보!

- 이름
- 나이
- 얼굴 사진
- 생년월일
- 주소
- 전화번호
- 이메일 주소
- 패스워드
- 학교 이름
- 가족 구성
- 가족 이름
- 가족의 직업 등

SNS의 위험 ②

SNS에서 모르는 사람과 친해지지 않는다.

SNS를 통해 접근하는 사람은 성적인 목적일 확률이 높아 위험해요.

일본 NHK 방송국에서 진행한 취재에서, '14살' 설정으로 SNS에 "친구를 사귀고 싶어요."라고 글을 올렸더니 약 2개월 만에 200명에 가까운 남성이 성적인 목적으로 메시지를 보냈어요. 그들은 '공부하느라 힘들지?', '그 게임 나도 좋아해.' 같은 친근한 말로 어린이와 친해지는 것이 특기였죠.

일상생활

"얼굴 보고 싶으니까 사진 보내 줘." 같은 말로 시작해 점차 더한 것을 달라고 하고, 심지어 알몸 사진까지 요구했습니다.

사진을 보내면 주변에 뿌리겠다고 협박하거나, 여러분이 모르는 새 인터넷에 올릴 수 있어요.

오른쪽 QR 코드에 접속하면 '아동 청소년 성착취 피해 가이드북'에서 더 자세한 정보를 얻을 수 있어요.

SNS에서 여러분을 속이는 수법

한정판 굿즈로 속인다.

온라인 게임에서 친해진 사람이 "네가 좋아하는 캐릭터 굿즈를 줄게. 한정판이야."라고 해서 만나러 갔다가 유괴된다.

모델을 모집한다고 속인다.

자칭 사진사가 "사진 모델이 되어 줄래? 아이돌이 될 수 있어."라고 해서 갔다가 스튜디오에서 알몸 사진을 찍힌다.

프로필 사진으로 속인다.

예쁘장한 남자나 여자 프로필 사진에 속아 만나러 갔더니 정체는 중년 아저씨. 어쩔 줄 몰라 당황하는 사이에 끌려가 성범죄를 당한다.

제 5장

"인터넷에 속보가 떴네!"

흐음!
인터넷에 뜬 뉴스,
진짜일까?
가짜일까?

스마트폰으로 SNS 글을 보다가 '동물원에서 사자가 도망쳤다.'는 인터넷 뉴스를 봤어요! 진짜인지 아닌지 무엇을 보고 확인하면 될까요?

 동물원에서 사자가
도망쳤대 ㅋㅋㅋ
이거, 큰일인데?!

💬 560　🔁 8421　♡ 1.2

문제 Q 이럴 때는 뭘 보지?

① SNS에서 제일 많이 공유된 글 **②** 개인 유튜브 영상 **③** TV나 신문

제5장

정답 ③

인터넷 뉴스가 진짜인지 아닌지 확인하려면 TV나 신문을 본다.

마치 사실인 것처럼 퍼지는 거짓 뉴스를 '가짜 뉴스'라고 해요.
재해나 전쟁, 질병 유행처럼 큰 사건이 나면 혼란스러운 상황에서 충격적인 가짜 뉴스가 쉽게 퍼집니다.
뉴스가 진짜인지 아닌지 확인하려면 먼저 방송국과 신문사가 제공하는 정보를 찾아보세요.

이러면 안 돼! NG

① SNS에서 제일 많이 공유된 글

이 세상에는 주목받고 싶어서 거짓 글을 올리는 사람이 많아요. '지진 때문에 동물원에서 사자가 도망쳤다'는 가짜 뉴스는 실제로 2016년 일본 구마모토 지진 때 인터넷에서 널리 공유되었습니다. 동물원에 전화가 100건 넘게 와서 일을 할 수 없었다고 하고, 거짓말을 퍼뜨린 20세 남성은 체포되었어요.

② 개인 유튜브 영상

진짜 같아도 '개인'이 출처인 정보는 믿을 수 없어요. 영상과 문장으로 얼마든지 거짓을 꾸밀 수 있고, 개인이 진짜라고 생각하는 정보가 틀렸을 수도 있어요.

유튜브나 다른 SNS에는 가짜 뉴스로 광고비를 벌려는 나쁜 사람들도 있어요. 방송국과 신문사의 언론인들은 뉴스의 전문가죠. 만약 가짜 뉴스를 내보내면 책임자는 사과하고 일을 그만두어야 할 거예요. 그런 일이 생기지 않도록 언론사에서는 국내 곳곳은 물론, 해외에도 기자를 보내요. 기자가 사건을 취재한 내용을 바탕으로 기사를 쓰면 정확한 정보인지 확인하는 절차를 꼭 거친 뒤 뉴스를 내보내죠.

가끔 TV나 신문도 잘못된 정보를 내보내지만, 개인이 책임 없이 올리는 유튜브나 SNS 글과는 정확도의 수준이 다릅니다.

제5장

Check!

평생 써먹자!

거짓 정보를 구분하는 방법

그나저나 사람들은 왜 가짜 뉴스 같은 '거짓말'에 속아 넘어갈까요?
사실 속는 사람은 '내가 그런 거에 속을 리 없어.'라고 믿습니다.
그런데도 보기 좋게 속는 것은 거짓을 구분하는 방법을 모르기 때문이에요.
여기 거짓 정보를 꿰뚫어 보는 다섯 가지 핵심 포인트를 소개하겠습니다.

거짓 정보 구분하기

누가 썼지?
누가 썼는지 모르는 정보는 거짓말일 확률이 높다. 유명 언론사인 척 꾸민 가짜 뉴스 사이트도 있으니 웹 사이트 이름이나 웹 주소를 잘 확인하자. 자세히 보면 영어 철자가 실제와 미묘하게 다를지도 모른다.

다른 정보와 비교했나?
가짜 뉴스를 마구 만들어 내 돈을 버는 유튜버나 인플루언서는 셀 수 없이 많다. 한 사람의 의견만 믿지 말고 몇 가지 정보를 비교해 판단하자. TV나 신문에 같은 뉴스가 나오는지를 기준으로 삼자.

원출처는 뭐지?
자극적인 제목에 홀리지 말고 출처를 확인한다. TV나 신문 기사, 대학 교수가 쓴 논문처럼 원출처가 믿을 수 있는 것인지 확인한다. 기자의 이름이나 언론사 이름이 적히지 않은 기사, 사건에 관련된 사람들을 취재하지 않은 기사, 사건이 일어난 곳을 찾아간 내용이 없는 기사는 수상하다!

무슨 목적으로 쓰였지?
거짓 정보를 써서 광고비를 벌려는 웹 사이트도 셀 수 없이 많다. 수상쩍은 광고가 잔뜩 뜨는 뉴스 사이트나 'ㅇㅇ 완벽 정리', 'ㅇㅇ 랭킹', '추천 소식' 같은 정보는 특히 주의!

언제 정보지?
정보는 매일 달라진다. 해당 정보가 오래되지 않았는지, 쓰인 날짜를 확인한다. 퍼트리는 걸 목적으로 일부러 몇 년 전 정보를 최신 정보처럼 꾸미는 인터넷 뉴스도 있으니까 주의하자.

이래도 되나?
인터넷에서 하면 안 되는 일

SNS나 앱을 사용할 때, 혹시 이런 행동을 한 적 있나요? 이런 일을 했다가는 경찰에 붙잡히거나 어마어마한 돈을 내야 할 수도 있어요.

저작권 침해

타인이 만든 작품을 허락 없이 인터넷에 올리는 것은 저작권 침해라는 범죄. TV나 게임 화면을 올리는 것도 안 된다! 소송이 걸리면 많은 돈을 물어내야 할 수 있다.

부모님 몰래 돈 쓰기

처음에는 '천 원 정도야…' 하는 마음으로 부모님 몰래 돈을 쓰기 시작했다가 쌓이고 쌓여 몇십만 원이나 청구되기도! 유료 서비스를 쓰고 싶을 때는 반드시 부모님에게 허락받을 것. 마음대로 신용 카드를 쓰는 건 절대 안 된다! 100퍼센트 들킨다.

악플과 비난

인터넷에서 악플을 달아 다른 사람에게 상처를 주면 '명예 훼손죄'나 '모욕죄'라는 범죄가 된다. 실명이 아닌 닉네임을 써도 경찰에게 잡힌다.

필터링 하지 않기

어린이가 유해 사이트에 접속하지 않게 돕는 필터링 장치를 쓰면 답답할 수 있다. 그러나 SNS를 통해 범죄 피해를 당한 어린이 중에 필터링기능을 쓴 비율은 고작 11.9퍼센트였다.

제5장

외모 지상주의의 위험!

얼굴이 못생겨서 괴로울 때는 '루키즘'의 함정을 알아차린다.

'루키즘'이라는 말을 아나요? 외모가 제일 중요하다고 여기는 외모 지상주의를 말합니다.

그런데 잘 생각해 봐요. 사람은 누구나 나이를 먹고 언젠가 반드시 젊음과 아름다움을 잃는 법이에요.

그렇게 되었을 때, 외모 지상주의에 빠진 사람들은 '나는 이제 아무런 가치가 없어….'라고 절망하며 남은 인생을 살

나는 너무 못생겼어.

사람의 가치는 다양하다!

게 됩니다. '루키즘의 노예'가 되는 것이에요.

인생은 길어요. 루키즘에 얽매이지 않아야 나이를 먹어서도 즐겁게 살 수 있어요.

외모는 사람의 가치를 판단하는 가장 간단한 기준이에요. 겉모습은 곧바로 보이니까요. 그러나 어른이 되어 제 몫을 할 때 중요한 것은 자신만이 지닌 능력과 성격, 노력하려는 의지입니다.

다른 사람에게 들은 말이 신경 쓰이거나, 자기 외모에 불만이 생길 때 '아, 이거 루키즘이네.' 하고 알아차리면 냉정해질 수 있어요.

집단 따돌림의 위험!

학교에서 따돌림을 당하면 바로 어른에게 말한다.

무시하기, 이상한 소문 퍼뜨리기…. 친구들이 가볍게 여기고 한 일이어도 여러분이 상처를 받는다면 그건 집단 따돌림이자 나아가 학교 폭력이에요. 따돌림을 당하는 것은 부끄러운 일이 아니에요. 오히려 그런 짓을 하는 사람이 유치하고 촌스럽고 부끄러운 거죠. '그래도 친구 사이인데…'라는 마음에 어른에게 말하기 어려울 수 있는데, 이런 염려는 하지 말아요. 따돌리는 쪽이 관계를 깨고 폭력적으로 군 거니까요. 가만히 두면 따돌림이 점점 심해질 수 있어요. 혼자 해결하려고 하지 말고,

한시라도 빨리 믿을 수 있는 어른에게 상담해 제일 소중한 자기 자신의 마음을 지킵니다.

따돌림을 상담할 곳

 **가족**

- **가족이 선생님에게 알려 따돌림을 그만두게 한다.**

  우선 믿을 수 있는 사람은 가족. 용기를 내 무슨 일을 겪고 있는지 말한다. 가족이 상황을 이해했다면 앞으로 대처를 맡겨도 좋다.

가족에게 상담하기 어려운 경우

 **담임 선생님·상담 선생님**

- **담임 선생님이나 학교에 있는 상담 선생님에게 말해 괴롭힘을 멈추게 한다.**

  따돌리는 주동자와 다른 반에 배치하기 등 대책을 마련해 준다. 그래도 따돌림이 이어지면, 다른 학교로 옮기거나 홈 스쿨링을 하는 등 다양한 방법이 있다.

담임 선생님이나 상담 선생님에게도 말하기 어렵고, 말해도 무시한다.

- **117학교폭력신고센터**

  24시간 운영하는 117학교폭력신고센터에 전화한다. 국번 없이 117을 누르면 된다. 신고 접수 즉시 피해자 구조 및 종합 지원이 이루어진다. 문자 #0117로도 신고가 가능하다.

- **112 경찰청**

  학교 폭력 및 사이버 폭력은 경찰에 신고해도 된다. 112에 전화를 걸거나, 가까운 경찰서를 방문해서 신고한다.

신고!
단순한 괴롭힘이 아니라 '범죄'입니다.

노는 척하며 때리기, 돈을 뜯어 가기, 부끄럽거나 위험한 일 시키기, SNS에서 욕하기, 비웃거나 놀리고 협박하기… 이런 따돌림은 모두 범죄 행위예요. 하지 말라고 말해도 계속된다면 경찰에 신고합니다.

범죄 피해 상담 및 신고

먼저 상담을 받아 보고 싶다면 푸른나무재단 같은 관련 단체에 전화해 볼 수 있어요. 학교 폭력 위기 상담, 대처 및 해결을 위한 조언 등을 해 줍니다. (상담 전화: 1588-9128)

긴급할 때는 112로 신고하거나 가까운 경찰서에 직접 전화하세요. 오른쪽 QR 코드에 접속하면 온라인으로 학교 폭력을 신고할 수도 있어요. 익명으로도 가능해요.

제5장 학대의 위험

가족에게 학대를 당할 때는 100% 가족이 나쁘다.

'집에 있으면 불안하고 괴로워.'라고 느낀다면, 여러분이 처한 상황은 일반적이지 않아요. 어린이는 스스로 '교육'과 '학대'의 차이를 판단하기 어렵기 때문에 학대를 받으면서도 '내가 나쁜 아이니까 그래.'라고 자책하기도 합니다.

여러분은 결코 나쁘지 않습니다! 모든 어린이에게는 유엔(UN)에서 정한 '행복할 권리'가 있어요. 여러분의 권리를 지켜 주지 않는 어른이 100퍼센트 나쁩니다.

이건 학대일까? 체크 리스트

다음 중 하나라도 해당한다면 가정 폭력 상담소에 연락하세요.(여성긴급전화 1366로도 신고 가능.) 학대인지 아닌지 알쏭달쏭해도, 상담소가 여러분 이야기를 듣고 판단해 줄 테니 믿고 연락하면 됩니다. 위험한 상황에 처해 있을 때는 보호도 해 줍니다.

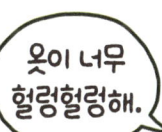

✓ 아침, 점심, 저녁 식사를 주지 않는다.

음식을 넉넉하게 주지 않아 항상 배가 고프다.

가족과 같이 밥을 먹을 때 맛있다거나 즐겁다는 생각이 들지 않는다.

매일 씻지 못한다.

매일 빨지 않은 옷을 입는다.

옷 사이즈가 전부 맞지 않는다.
(가족이 여러분의 머리나 옷, 신발에 관심 없다.)

시험 성적이 나쁘면 부모님이 화가 나서 마구마구 소리를 지른다.

때리고 차고 꼬집는 등 폭력을 쓴다.

"그러니까 너는 글렀어."처럼 여러분을 무조건 부정하는 악담을 퍼붓는다.

사적인 부위*를 만지거나 씻을 때 엿본다.

밤에 안심하고 잘 수 없다.

* 사적인 부위: 입, 가슴, 성기, 엉덩이. 자세한 내용은 186쪽을 참고.

Check!

따돌림이나 학대를 목격했다면

따돌림이나 학대는 아이들이 더 빨리 알아차려요.
친구가 따돌림이나 학대를 당하는 걸 목격했을 때, 또는 친구가 그런 고민을 털어놓았을 때 그냥 두면 친구가 위험해질 수 있어요.
곧바로 가족에게 여러분이 보고 들은 내용을 말해서 학교에 상담해 달라고 부탁합니다. 가족에게 말하기 어렵다면 24시간 통화가 가능한 1366(여성긴급전화)나 117(학교폭력신고센터)에 전화해 도움을 청하세요.

일상생활

따돌림이나 학대를 당하는 것 아닐까? 체크 리스트

✓ 골절, 멍, 화상 같은 부상이 많다.

　같은 옷을 며칠이나 입는다.

　항상 배고파한다.

　밤늦게까지 놀거나 돌아다닌다.

　집에 가기 싫어하고 두려워한다.

　가족이나 선생님을 무서워한다.

　특정한 사람을 무서워한다.

　학교에 나오지 않을 때가 많다.

친구가 나를 자꾸 따돌려.

선생님이 몸을 만졌어.

학교의 위험

학교에 가고 싶지 않을 때는 가지 않아도 된다.

10대의 자살 원인 1위는 '학교 문제'입니다. 집단 따돌림이나 학교 폭력처럼 뚜렷한 원인이 없어도 친구나 선생님과 영 맞지 않아 학교에 가기 힘들고 싫다면, 지금은 일단 가지 않는 선택지도 있어요.

그럴 때는 넓은 세계를 보고 학교가 전부는 아니라는 걸 깨닫는 게 중요해요. 사실 친구가 없어도 사는 데 전혀 문제없고, 학교 아닌 다른 곳에서 마음

대안 학교

아르바이트

이 잘 맞는 사람이나 존경할 만한 사람을 만날 수도 있어요.

대안 학교나 자원봉사 현장, 여행지 같은 곳에서 여러분이 편하게 느끼는 곳을 찾을지도 모릅니다.

'동물을 좋아해.', '난 지하철이 좋더라.'처럼 어려서 좋아했던 것을 떠올리고 현장 견학이나 아르바이트를 해 봐도 좋겠죠.

학교를 그만두고 어른이 된 후에 고등학교나 대학에 진학하는 사람도 있습니다. 인생에는 다양한 선택지가 있어요. 마음을 열고 자신과 잘 맞는 생활 방식을 선택하면 돼요.

제5장

인생의 위험

공부를 쫓아가지 못해도 인생이 망하지 않는다.

수업 내용을 따라가지 못하거나 성적이 나쁘면 금방 '내 인생 망했어.' 하고 절망하게 되죠.

하지만 인생은 생각처럼 쉽게 망하지 않습니다. 지망하는 학교가 아니어도 학교는 얼마든지 있고, 학력이 부족하다고 행복해지지 못할 이유가 없어요.

여러분에게는 아직 여러분도 깨닫지 못한 다양한 가능성이 있어요. 성적에 집착하기보다 '앞으로 어떤 어른이 되고 싶은가?'를 생각해야 인생을 즐겁게 살 수 있어요.

만약 공부 문턱에서 좌절했다면…

집중력이 심하게 부족하거나, 나눗셈에 서툴고 독해력이 부족해서 기초 학습이 어려운 경우, 우선 인지 능력을 높여 주는 교육이 필요할 수 있어요. 학교 상담 선생님에게 상담하거나, 소아 청소년 정신과 의사에게 인지 능력을 키우는 훈련법을 배워 보아요.

내 인생은 망했다~! 다 끝났어!

그래도 인생은 계속된다.

5년 뒤
지망 학교에 떨어져 간 학교에서 절친을 사귀었다.

15년 뒤
특기를 살려 전문가가 되었다.

라면 나왔습니다!
착착

오호라.

2년 뒤
미칠 듯이 좋아하는 것을 찾았다.

맛있다!

남을 다치게 하거나 죽이고 싶을 때는

제5장

어떤 사람이 원망스러워서 다치게 하거나 죽이고 싶은 마음이 들 때는,
그 사람과의 관계를 단호하게 끊는 게 좋아요.
만약 상대가 너무 심한 짓을 했다면, 가족이나 선생님에게 상담합니다.
그래도 해결되지 않으면 경찰에 신고하거나 고소하는 방법도 있어요.

절대로 혼자서 뭔가를 해결하려고 하지 말고 어른에게 말해 공적인 일로 만들어야 해요.

만약 누구든 상관없으니까 죽이고 싶다면, 왜 그런 마음이 들었는지 여러분 마음속을 살펴보는 것이 중요하겠어요.

어느 쪽이든 정말로 다른 사람을 해치면, 그 상대뿐 아니라 여러분과 여러분 주변 사람의 미래에도 어둠이 드리워요. 우선 가족이나 상담 선생님, 소아 청소년 정신과 의사에게 상담해 원인을 알아내고, 같이 해결법을 찾아보면 좋겠어요.

마음의 병이 있을 수도

'앞뒤를 가리지 못하고', '다른 사람의 마음을 상상하지 못하는' 사람은 마음의 병이 있을 가능성도 있어요. 그런 사람을 위해 사고력과 사회성을 키우는 훈련이 있어요. 마음의 문제를 살피고 싶다면 상담 선생님이나 소아 청소년 정신과 의사에게 상담합니다.

제**5**장

`Check!`

사는 것이 괴로울 때는

인생 자체가 싫어지는 순간은 누구에게나 있습니다.
자기 자신을 있는 그대로 인정하고 사랑하는 것을 '자기 긍정'이라고 해요.
어린이는 가족이나 선생님에게 인정받으면서 자기를 긍정하는 법을
배우는데, 그런 기회가 없으면 문제가 생겨요. 사소한 계기로도 무너져
내려서 살아가는 의미를 느끼지 못할 수 있고요. 사는 것이 괴롭다면,
우선은 가족이나 상담 선생님과 상담하고 한동안 학교를 쉬어도 좋아요.
만약 이들과 말이 통하지 않으면, 한번 시험해 본다는 마음이어도 좋으니
전문 상담 기관에 전화해 봐요. 말을 능숙하게 하지 못해도 괜찮아요.
여러분을 이해하는 어른이 반드시 있습니다.

사는 것이 괴로울 때 상담할 수 있는 곳

가까운 어른

• 가족이나 담임 선생님, 상담 선생님에게 상담

믿을 수 있는 가까운 어른에게 털어놓는다. 힘든 원인을 같이 고민하거나 학교에 가지 않아도 공부할 수 있는 방법을 찾아 준다.

가족이나 담임 선생님,
상담 선생님에게 상담할 수 없거나,
말해도 무시한다면

전화로 상담할 수 있는 곳

• 청소년상담1388에 상담

24시간 상담 창구로 운영하는 어린이 청소년 전문 전화 상담소다. 전화번호는 1388.

• 자살예방상담전화에 상담

24시간 상담 창구로 운영하는 곳으로 상담 내용이 비밀로 보장된다. 전화번호는 109.

괴로울 때 상담할 수 있는 곳

혼자서는 해결하지 못하는 문제가 벌어졌을 때,
혼자 고민하지 말고 무료 상담 기관에 전화하는 것도 한 가지 방법이에요.
상담 기관에도 다양한 담당자가 있다 보니 처음에 대화한 사람과 잘 맞지 않으면
'내 마음을 이해해 주는 사람은 이 세상에 없어.'라고 느낄 수도 있어요.
그렇지만 포기하지 말고 다양한 상담 기관에 전화를 걸어 봐요.
여러분과 잘 맞는 곳을 찾을 수 있을 거예요.

어떤 내용이든 상담할 수 있는 곳

단체명	연락처	지원 내용
청소년상담 1388 (청소년사이버 상담센터)	전화, 문자 1388 온라인 홈페이지 로그인 후 상담 1388.go.kr SNS '청소년상담1388' 검색	24시간 무료 상담 서비스. 학업, 진로, 친구 관계, 가족 문제 등 다양한 고민을 상담할 수 있다.
다들어줄개 (청소년 모바일 상담 센터)	문자 1661-5004 앱 '다들어줄개' 다운로드 후 가입 SNS 카카오톡 '다들어줄개' 친구 추가 페이스북 '다들어줄개' 메시지	24시간 무료 상담 서비스. 언제 어디서든 문자와 메시지로 상담을 받아볼 수 있다. 전화상담은 안 된다.

우울감이 심할 때 상담할 수 있는 곳

단체명	연락처	지원 내용
자살예방 상담전화	전화 109	우울한 마음이 들거나 주변에 말하기 어려운 고민이 있을 때 이야기할 수 있다.

따돌림이나 학대, 성폭력 관련해 상담할 수 있는 곳

단체명	연락처	지원 내용
117학교폭력 신고센터	전화 117 문자 #0117	24시간 무료 서비스. 학교 폭력, 가정 폭력, 성폭력 등의 피해를 신고하고 상담할 수 있다.
여성긴급전화 1366 (여성폭력 사이버 상담)	전화 1366 온라인 홈페이지에서 실시간 상담, 게시판 상담 진행 women1366.kr SNS 카카오톡 '여성폭력 사이버 상담 (women1366)' 친구 추가	24시간 무료 서비스. 가정 폭력, 성폭력, 성매매, 데이트 폭력, 디지털 성폭력, 성희롱, 스토킹 등의 피해에 대한 구조와 상담을 진행한다.
보건복지 상담센터 129	전화 129 → 7번 아동 학대 (이용 시간: 9시~18시) SNS 카카오톡 '보건복지상담센터 129' 친구 추가	무료로 상담할 수 있는 보건복지부 상담 센터. 129를 누르고, 7번을 누르면 아동 학대에 관해 상담할 수 있다.
해바라기 아동센터	온라인 웹 사이트에서 전국에 설치된 센터들의 정보 확인 가능 sunflowercenter.or.kr	성폭력 신고 및 상담, 의료 등을 지원한다. 만 19세 미만의 아동 청소년 누구나 이용할 수 있다. 지역별 센터 정보를 확인하고 가까운 곳에 연락한다.

전화하는 시간에 따라서 연결되지 않을 때도 있어요.
그럴 때는 다른 시간에 전화하거나 문자, 온라인 상담 등을 이용해 봐요.

힘들고 버거울 때 도움이 되는 작품들

살다 보면 많은 일이 생깁니다. 괴롭고 슬프고 외로운 심정이 마음을 꽉 채우기도 하고, 분노나 증오를 억누르지 못할 때도 분명히 있어요.
그럴 때 다른 사람과 대화하는 것도 물론 좋지만, 자신이 스스로를 돕는 방법도 있어요.
바로 '다른 사람의 생각'을 배우는 것이죠. 세상 어딘가에는 여러분과 비슷하게 고민하고 괴로워하며 사는 사람이 틀림없이 있습니다.
그런 사람의 말이나 이야기에서 지금 여러분의 고민을 달랠 힌트를 찾을 수 있어요.
책을 읽어도 좋고 만화나 애니메이션, 유튜브를 봐도 좋아요.
여러분에게 맞는 콘텐츠를 가벼운 마음으로 찾아보면 어떨까요?

영상

작품명	내용
〈거울 속 외딴 성〉 하라 게이이치 감독, 애니플렉스	소설을 원작으로 한 애니메이션 영화. 저마다 사정이 있는 7명의 아이들이 동화에 나올 법한 성에 모이면서 이야기가 시작된다. 삶이 힘겹게 느껴질 때 빠져나올 힌트를 발견할 수 있는 이야기.

도서

도서명	내용
《나는 옐로에 화이트에 약간 블루》 브래디 미카코 지음, 김영현 옮김, 다다서재	영국에 거주하는 저자가 중학생 아들의 일상을 그린 논픽션 책. 다양한 어린이가 다니는 '구 밑바닥 중학교'에서의 경험을 통해 빈부 격차와 차별, 친구·부모와의 관계 등의 문제를 바로 마주해 볼 수 있다.

도서명	내용
《동의: 너와 나 사이 무엇보다 중요한 것!》 레이첼 브라이언 지음, 노지양 옮김, 아울북	소중한 내 몸과 마음을 지키고 상대방에게 상처를 주지 않기 위해 필요한 '동의'를 배울 수 있는 책. 싫을 때는 싫다고 말하기 위한 마음가짐과 방법도 알려 준다. 글이 적고 만화로 되어 있어 쉽게 읽을 수 있다.
《궁금한 게 많은 사춘기 너에게: 삶의 나침반이 될 구체적인 성지식》 천아영, 다카하시 레나 감수, 송소정 옮김, 블루무스어린이 《스마트폰이 생겼어요: 초등학생이 꼭 알아야 할 디지털 매너》 박중현, 사사키 나루미 감수, 문영은 옮김, 블루무스어린이	초등학생이 자신의 몸을 지키는 방법을 만화 등으로 알기 쉽게 설명하는 시리즈 도서 두 권. 부모님이나 주변 어른에게 묻기 어려운 이야기를 책을 통해 쉽게 이해할 수 있다. 곤란힐 때 어떤 도움을 얻을 수 있는지도 나와 있다.
《너와 우주를 걷기 위하여 1, 2》 도로노 다이누히코 지음, 학산문화사	공부도 아르바이트도 진득하게 하지 못하는 날라리 고바야시와 괴짜 전학생 우노의 우정을 그린 만화. 평범하지 않은 두 사람이 인생을 즐겁게 살기 위해 노력하는 모습에서 용기를 얻을 수 있다.

책을 읽고 싶지만 사기 어려울 때, 집 근처 도서관에 가 봐요.
도서관에서는 무료로 많은 책을 읽을 수 있습니다.
도서관에 없는 책은 신청하거나 다른 도서관에서 빌려 볼 수도 있고요.
인터넷을 쓸 수 있는 컴퓨터가 설치된 곳도 있습니다.

마무리하며

"생명을 지키는 행동을 하십시오."
재해가 생길 때마다 일본 뉴스에서는 이런 말이 나옵니다. 그러나 '생명을 지키는 행동'이 구체적으로 뭘까요? 그것부디 알려 줘야지…. 아무것도 모르는 상태로는 두렵기만 해요. 그래서 저는 전문가들에게 어떻게 하면 생명을 지킬 수 있는지 구체적으로 물어봤습니다.
그리고 여름휴가를 떠났다가 저는 산길에서 말벌 두 마리에게 쫓기게 되었어요. 이럴 때는 어떻게 하더라…. 다행히 이 책의 감수를 맡아 주신 전문가 이마이즈미 선생님의 가르침을 떠올렸습니다. 당황하거나 허둥거리지 않고 자리에 얌전히 앉아 말벌이 지나가길 기다렸어요. 그런 다음 말벌이 지나간 방향을 피해 무사히 목적지에 도착했습니다.
지식이 없으면 사람은 혼란에 빠집니다. 지식이 있으면, '책에서 본 그 상황이네. 이럴 땐 이렇게 하면 돼.'라며 당황하지 않고 행동에 옮길 수 있죠.

이 책을 쓰면서 잊고 지냈던 어린 시절이 떠올랐어요.
초등학생 때 학교가 싫은 나머지 툭하면 실수로 오줌을 싸서 보건실에서 팬티를 받은 일, 전학 간 중학교에서 사투리로 놀림받는 바람에 좀처럼 반 친구를 사귀지 못한 일….

당시 저는 동네 도서관에서 살다시피 했어요. 심심풀이로 도서관에 있던 만화를 전부 읽었는데, 이때 역사 만화에 빠진 것을 시작으로 역사 소설과 인물 이야기 들을 읽었어요. 같은 반 친구들 얼굴은 기억하지 못해도 좋아했던 역사 인물의 관계도는 아주 잘 그렸습니다. 어른이 된 지금은 휴일에 유적지 탐방을 즐기며 어린이 책과 만화 만드는 일을 해요.

'생명을 지키는 것'은 '마음을 지키는 것'입니다. 집이나 학교에서 불편함을 느낀다면, 우선 자기 마음부터 지켜야 해요. 장담하는데, 어른이 되면 지금보다 훨씬 자유로운 일상이 기다릴 거예요. 어디에서 어떻게 살지 스스로 정할 수 있죠. 그때는 이 책의 내용을 잊어버려도 좋습니다. 여러분은 멋지게 생명을 지켰고, 살아남았으니까요.

글쓴이 **다키노 미와코**

글

다키노 미와코
작가이자 일러스트레이터, 편집자로 일하고 있습니다. 지은 책으로 《위험한 일본사》 시리즈,
《흰곰 형제》 시리즈와 《사과밭의 레서판다》 등이 있습니다.

그림

소오토메 게이코 (1장, 2장, 3장)
일러스트레이터이자 만화가이자 에세이를 쓰는 작가로 일하고 있습니다. 대학교를 졸업하고 스스로
그림을 배워 일러스트레이터가 되었습니다. 재치 있는 그림체로 인기를 얻었습니다. 지은 책으로
《소녀의 서바이벌 수첩》, 《아들 바보 딸 바보의 책》 등이 있습니다.

무로키 오스시 (4장, 5장)
일러스트레이터이자 만화가로 활동하고 있습니다. 세 살 아이를 둔 아빠이기도 합니다.
지은 책으로 《만약 지구에서 그것이 사라진다면?》, 《너희가 어린아이인 것처럼》 등이 있습니다.

만화

요코야마 료이치 (채색 도움: 후지노 고)
아내와 함께 만화가로 활동하고 있습니다. 지은 책으로 《아들이 나를 대하는 태도가 기본적으로 너
무해서 만화로 그렸습니다》, 《북쪽 신랑과 서쪽 신부》 등이 있습니다.

감수

이케가미 아키라
1950년에 태어나 일본 게이오대학교 경제학부를 졸업하고 일본 NHK 방송사에 기자로 입사했습니다. 사고, 재해, 교육 등 다양한 분야를 취재했습니다. 1994년부터 '주간 어린이 뉴스'라는 프로그램을 10년 넘게 맡으면서 다양한 이슈를 어린이에게 이해하기 쉽게 설명했습니다. 현재는 전 세계를 다니며 취재하고, 일본의 여러 대학에서 강의를 하고 있습니다.

이마이즈미 다다아키 (1장)
1944년에 태어나 도쿄해양대학교를 졸업했습니다. 국립과학박물관 특별 연구원, 우에노동물원 동물 해설원 등으로 일했습니다. 문부과학성의 국제 생물 계획 조사, 환경성의 야생 동물 조사에도 참여했습니다. 전문 분야는 포유류를 바탕으로 한 분류학, 생태학입니다. 《이유가 있어서 멸종했습니다》 시리즈를 비롯한 다양한 도서의 감수를 맡았습니다.

구니자키 노부에 (2장, 4장, 5장)
위기관리 전문가로, 위기관리교육연구소 대표를 맡고 있습니다. 한신·아와지 대지진 당시, 600명의 아이들이 사망한 사건을 계기로 지진 방재 대책을 연구했습니다. 현재는 강연, 집필, 방재 프로그램 기획 등 다방면에서 활약하고 있습니다. 지은 책으로 《내 안전은 내가 지켜요》, 《이럴 땐 조심해 조심해》, 《지진으로부터 아이를 지키는 생존 매뉴얼 50》이 있고 《신기한 안전 사전》 등의 감수를 맡았습니다.

니시 료이치 (1장 의학 관련 부분, 3장)
응급의학과 전문의로 일하는 의사입니다. 데이쿄대학교 의학부를 졸업하고 공중위생학으로 석사 학위를 받았습니다. 매일 다양한 질병과 부상을 진찰하고, 재해가 발생하면 피해 지역에 가서 의료 활동을 펼칩니다. 응급 처치와 재해 지식을 알기 쉽게 알리는 활동도 하고 있습니다.

옮김

이소담
동국대학교에서 철학 공부를 하다가 일본어의 매력에 빠졌습니다. 읽는 사람에게 행복을 주는 책을 우리말로 아름답게 옮기는 것이 꿈이자 목표입니다. 지은 책으로 《그깟 '덕질'이 우리를 살게 할 거야》가 있고, 옮긴 책으로는 《온라인과 오프라인 사이에서 철학하다》, 《나와 너 사이에서 철학하다》, 《어떤 은수를》, 〈십 년 가게〉 시리즈 등이 있습니다.

INOCHI WO MAMORU ZUKAN
by Akira Ikegami, Tadaaki Imaizumi, Nobue Kunizaki, Ryuichi Nishi,
Miwako Takino, Keiko Sootome, Osushi Muroki, Ryoichi Yokoyama
Copyright © 2024 Akira Ikegami, Tadaaki Imaizumi, Nobue Kunizaki, Ryuichi Nishi,
Miwako Takino, Keiko Sootome, Osushi Muroki, Ryoichi Yokoyama
Korean translation copyright ©2025 by Wisdom House, Inc
All rights reserved.
Original Japanese language edition published by Diamond, Inc.

초판 1쇄 인쇄 2025년 2월 19일
초판 1쇄 발행 2025년 2월 28일

글쓴이 다키노 미와코
그린이 소오토메 게이코 외
감수 이케가미 아키라 외
옮긴이 이소담

펴낸이 최순영
교양 학습 팀장 김솔미
편집 연혜진
키즈 디자인 팀장 이수현
디자인 양×호랭 DESIGN

펴낸곳 ㈜위즈덤하우스 **출판등록** 2000년 5월 23일 제13-1071호
주소 서울특별시 마포구 양화로 19 합정오피스빌딩 17층 **전화** 02) 2179-5600
홈페이지 www.wisdomhouse.co.kr **전자우편** kids@wisdomhouse.co.kr

ISBN 979-11-7171-367-7 73500

* 이 책의 한국어판 저작권은 대니홍 에이전시를 통해 저작권사와 독점 계약을 맺은 ㈜위즈덤하우스에 있습니다.
* 저작권법에 의해 한국 내에서 보호를 받는 저작물이므로 무단 전재와 복제를 금합니다.
* 인쇄·제작 및 유통상의 파본 도서는 구입하신 서점에서 바꿔드립니다.
* 책값은 뒤표지에 있습니다.
* 이 책의 사용 연령은 8~13세입니다.